基于顾客购买心理学的感知质量体系
整车评价

主　编　丁筹兵
副主编　沈　伟　杨守法　卞庭元　张换强　胡　頔
参　编　周　欣　晋伟东　李辉太　王　辉　韦作祥　史　鹏

陕西新华出版传媒集团
陕西科学技术出版社
Shaanxi Science And Technology Press
——— 西安 ———

图书在版编目(CIP)数据

基于顾客购买心理学的感知质量体系:整车评价/丁筹兵编著.—西安:陕西科学技术出版社,2022.5
ISBN 978-7-5369-7091-5

Ⅰ.①基… Ⅱ.①丁… Ⅲ.①汽车-车体-设计-研究 Ⅳ.①U463.820.2

中国版本图书馆 CIP 数据核字(2022)第 069280 号

基于顾客购买心理学的感知质量体系:整车评价
JIYU GUKE GOUMAI XINLIXUE DE GANZHI ZHILIANG TIXI:ZHENGCHE PINGJIA

丁筹兵　编著

责任编辑	焦　洁
封面设计	卫晨亮
出版者	陕西新华出版传媒集团　陕西科学技术出版社 西安市曲江新区登高路 1388 号陕西新华出版传媒产业大厦 B 座 电话(029)81205187　传真(029)81205155　邮编 710061 http://www.snstp.com
发行者	陕西新华出版传媒集团　陕西科学技术出版社 电话(029)81205180　81206809
印刷者	湖南省众鑫印务有限公司
规　格	787mm×1092mm　16 开本
印　张	8.75
字　数	180 千字
版　次	2022 年 5 月第 1 版 2022 年 5 月第 1 次印刷
书　号	ISBN 978-7-5369-7091-5
定　价	168.00 元

版权所有　翻印必究

前言
PREFACE

中国汽车工业步入21世纪以来飞速发展,已逐步趋近国际一流水平,从最初的依赖国有资本和外资技术的不利局面到如今各大私营企业百花齐放,无论从产品的全面性到品质都有了质的跨越。而感知质量这一工种引入国内汽车行业已有十余载,经历了最初的懵懂认知,从"叫好不叫座"一路探索到如今在整个行业有了初步的共识,这项全新的思维技术不仅促进了汽车这一高消费产品的质量提升,在某种程度上也影响了市场和消费者对于品质的认识和要求。随着高端品牌的普及率大幅提升,品质化的竞争也越发激烈,而感知质量多元化的属性似乎变得"玄学",如何更为系统客观地开发这一属性从而以最优化的成本方案设计出最佳品质的产品成了当下行业共同关注的课题,同时,感知质量这一工种的定位也变得愈发微妙。

感知质量起源于狭义质量,但高于狭义质量,旨在从客户的五感体验"视、触、听、闻、用"的维度出发去评价产品的外在品质并在设计初期具有针对性地提升,从而制造出更能迎合市场高标准品质要求的产品。感知质量近些年又被多数从业者定义为主观评价,即绝对性依赖于评估者个人的主观感受从而定义并提出相关的感知问题。尤其针对大多数造型设计相关问题,由于无法进行量化对标并给予绝对评估,于是评估者个人色彩极大程度决定了产品开发的导向,这一现状导致了整个开发团队在很多问题上易产生分歧,此外,无专业化的标准导致设计要求的传递受阻并最终无法严格执行。至此,感知质量工作的发展遇到了前所未有的瓶颈,能否将这一工种持续发挥价值并对整个产品开发链提供定位、制定目标以及过程管控决定着感知质量的未来。

感知质量研究的核心为客户,即个人的认知感受,而非产品本身;产品的物理变化或者形象、品牌变化的最终目的是为了满足个体本身的物质或内心非物质需求;而不同层次的个体感受对于物质的变化趋势需求则不同,合理地研究个体的需求,从而有针对性地进行产品的开发。"基于顾客购买心理学的感知质量体系"以强调研究用户感受为核心,颠覆了传统的执着于研究产品自身的思维,通过分析用户行为五感喜好分布及其分别对用户心理产生的影响,反向地输出产品的设计要求,利用"极限法"和"定性法"对这些要求进行等级划分,归纳形成一套绝对化客观的标准和体系。这套标准与体系摒弃了现阶段过分依赖评估人本身水平的弊端以及区别于相对评价标准对于对标车的绝对需求,绝对化客观性的评价标准体系能有效地在开发初期制定出可传递性的工程化输入;并且使得初期的对标评价工作能完美地与后期的过程管控进行衔接;另外通过标准体系的属性开发成本地图也可大幅度地提升感知质量属性开发的性价比;当然,对于技术性的传播以及感知人才的培养也能够更加高效化和标准化。

"基于顾客购买心理学的感知质量体系"属于一套动态的标准体系,即随着行业发展,工业化的进步以及市场的变革,体系也将不断进行升级改造,而未来感知模式必将朝着更加深入研究用户行为和心理的方向发展。对于感知行业也必然会产生阶梯化格局,即高端化研究用户,领导产品开发,产品引领市场;中端化研究产品,主导产品开发,产品占领市场;低端化研究竞品,协助产品开发,产品迎合市场。

编　者

2022 年 3 月

目 录
CONTENTS

第一章 体系制定原则 …… 1
一、评价标准制定原理 …… 1
二、评价维度全景图 …… 4

第二章 体系内容介绍 …… 6
一、第一印象 …… 6
二、视觉品质 …… 35
三、嗅觉品质 …… 61
四、操作品质 …… 63
五、舒适性体验 …… 89
六、安全性体验 …… 110
七、功能配置 …… 117

第三章 体系应用说明 …… 130
一、标准评价流程 …… 130
二、体系开发流程 …… 132

第一章 体系制定原则

一、评价标准制定原理

"基于顾客购买心理学感知质量体系"源于著名的马斯洛需求层次理论，马斯洛需求层次理论是行为科学的理论之一，由美国心理学家亚伯拉罕·马斯洛在1943年《人类激励理论》论文所提出。书中将人类的需求像阶梯一样从低到高分为5个层次，分别为生理需求、安全需求、社交需求、尊重需求和自我实现需求。针对马斯洛需求层次的原始划分层级进行了迭代化归纳（见图1-1），得到了客户正向需求层级，即"基于顾客购买心理学评价体系"标准的上层标准层级，这些层级满足不同客户群的需求，也是感知质量工作需要达成的设计状态。

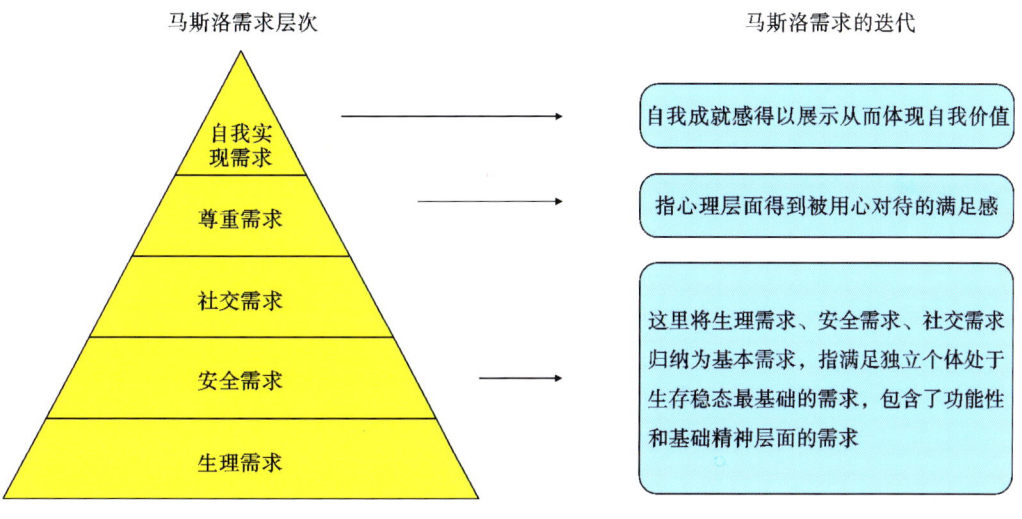

图1-1 马斯洛需求层次图

"基于顾客购买心理学感知质量体系"评价标准在马斯洛需求的迭代层次基础上进行了负向的层次融合，使得标准不仅包含了客户需求性要求，同时，也能识别出客户排斥性内容。这样我们就得到了用户心理感知质量全方位层级表（见图1-2），图中分别将马斯洛的迭代需求层级与用户的内心反馈进行了对应，形成了

"基于顾客购买心理学感知质量体系"的评价标准基础架构。

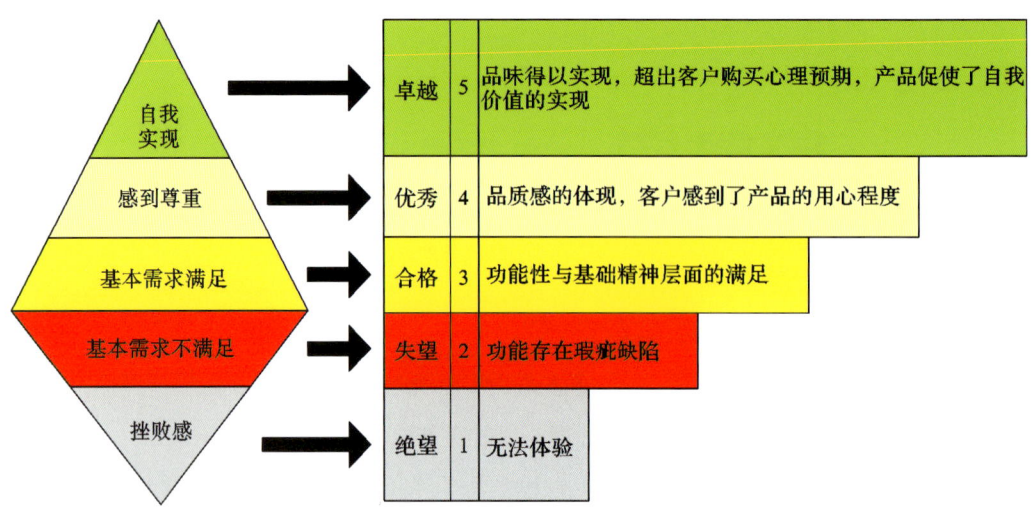

图1-2

这里需要将评价标准的基础架构进行工程化转化,也就是需要转化成为可以客观化使用的感知质量评价标准体系。这里我们引入了"极限法"和"定性法"对其进行客观化转化。"极限法"指通过认知理解客户对于事物(这里指产品)的两极化内心反应,从而确定出评价标准的上、下极限标准,上极限我们定义为事物的完美性,即表现出的物理属性完美无缺陷,相反地,下极限我们定义为事物的缺陷性,即包含事物的物理属性的缺陷完全暴露。然后,我们再应用"定性法"确定客观标准的阶梯性绝对值,依照马斯洛迭代效应的层级标准将上、下极限标准依次划分为5个梯度,分别是卓越,完美无缺陷;优秀,缺陷合理美化;合格,缺陷巧妙隐藏;失望,缺陷严重度弱化;绝望,缺陷完全暴露(见图1-3)。

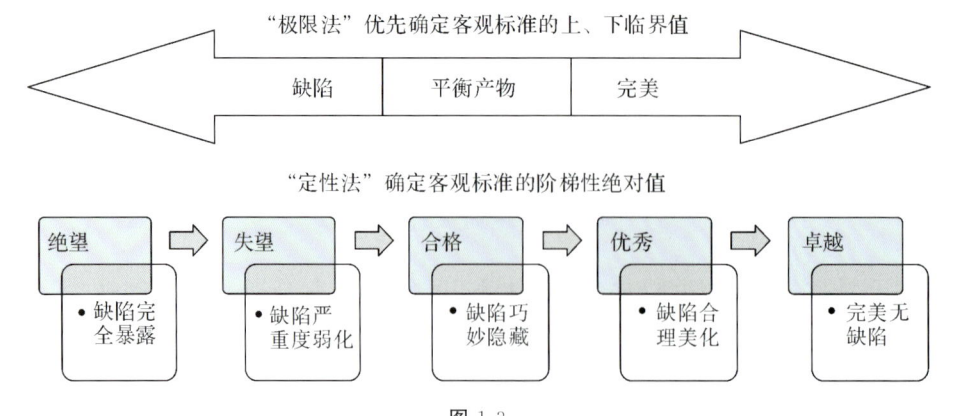

图1-3

极限法划分评价标准等级具有时效性(见图1-4),并且受评价人对新技术的掌握、审美能力以及对生活客观认识程度不同等因素的影响而存在一定的差异,同时,随着工艺水平和工业发展程度的变化,产品所表现出的完美属性也将不断进化,而进化的本质就是消除原有的固有属性缺陷,如工艺的限制性,结构的缺陷性;并以此作为设计全新物理属性的产品基础,开发并制造出具有未来感的完美产品。

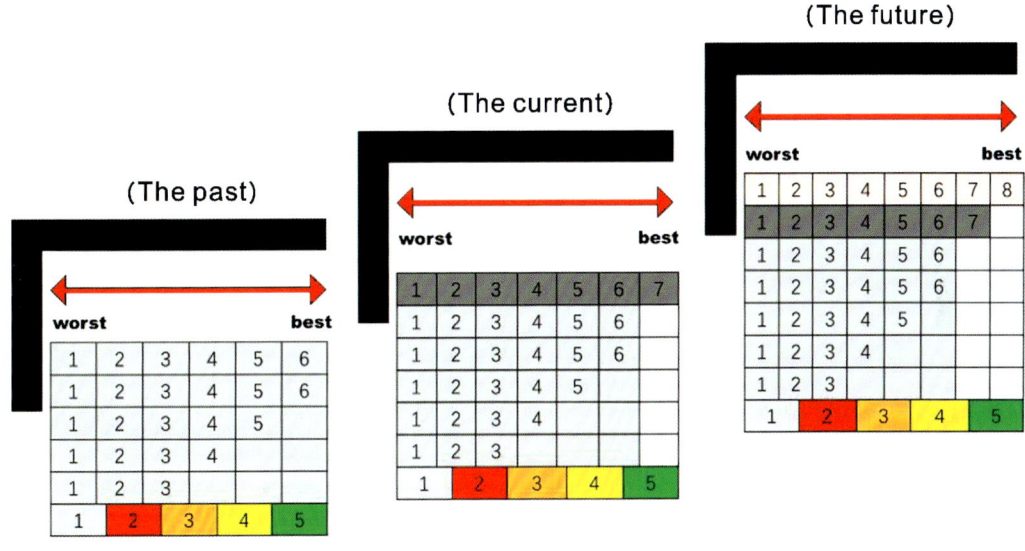

图1-4

对于感知质量的评价内容而言,除定性部分以外还存在诸多定量性的因素,如DTS、操作力值、声音大小等,对于这些无法定性划分标准的定量性内容优先进行结果分析,当定量性因素数值产生变化时其产生了新的缺陷性影响或消除了原有的缺陷性影响,那么我们即视为定量性因素发生质变,升级到新的定性阶梯标准。而当使用结果分析法无法推测出其影响会产生质变影响时,那么我们使用统计学正态分布理论进行敏感度等级划分,即按照6σ理论进行标准提炼,根据该项评价元素的重要等级可以适度调整正态分布的分布要求,从而实现感知属性开发的最优成本化方案(图1-5)。这里我们选取市场对标产品作为参与统计的样本,随着目标产品的定位高度可以按需扩大样本的范围,可适当增加部分越级技术对标产品,更高标准地制定产品感知属性开发目标。

例如目标车型对标领域调查了10款对标车的机盖与翼子板配合间隙值,其均数 $\bar{X}=3.85$ mm,标准差 $s=0.5$ mm,这里用样本均数 $\bar{X}$ 和标准差 s 分别代替 μ

和 σ，那么就可以求得 $X\pm 1s$、$X\pm 1.96s$、$X\pm 2.58s$ 区间边界分别对应的间隙值，而该间隙值即为定量性标准等级分界值。

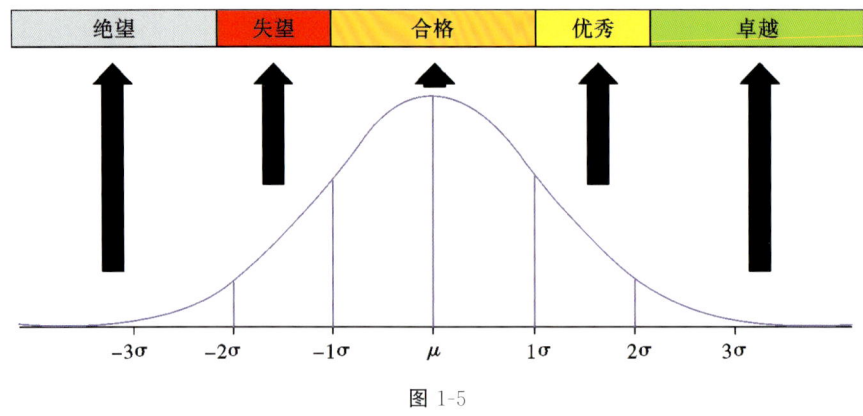

图 1-5

感知质量体系标准的客观化即可实现绝对性标准，与相对标准对比具备了以下优点：①存在与主观评分对应的工程化客观标准；②可以实现任意评审结果的标准化；③能实现早期整车感知属性开发的策略定位；④使前期对标评审结果与后期的过程管控一一对应，实现感知工作"倒立金字塔"的模式，不易造成感知目标的后期损失。当然，绝对标准的最大投入需要不断推进体系的升级，标准制定者需跟着客户和市场的需求完善标准内容。

二、评价维度全景图

感知质量维度划分全景图是一个随着客户需求满意度逐渐减退而随之补充的动态多属性评价体系，"基于顾客购买心理学的感知质量体系"构建出了感知质量维度第一层级基础架构，包含第一印象、视觉品质、嗅觉品质、操作品质、舒适性体验、安全性体验和功能配置。这里的划分原则依照用户对于产品认知的逐步深入过程，由基础的五感感知阶段到产品物理属性对于客户产生的心理影响，最后增加了可通过成本优化感知对应属性的功能配置维度，三维一体巩固客户感知的评价体系。体系二级维度通过对一级维度的剖析分解产生更细分化的评价内容，二级维度的细分程度一方面取决于客户对产品的认知需求，另一方面属于评价规则制定者通过具备的前瞻性眼光进行的补充（见图 1-6）。

感知质量维度全景图不仅能丰富完善评价者的工作内容，更重要的一点在于职责的界定，即感知质量负责团队在感知属性开发过程中关联的责任对象必须单一绝对，避免出现多责任协同性工作形式。这里我们以第一印象和视觉品质为例,第一印象中包含了辨识度、设计和谐、色彩纹理和设计定位四个二级维度,其直接责任方必然划分给造型设计团队;而视觉品质中,我们划分出了工程分缝、精致度、次级表面和灯光品质四个二级维度,其直接责任方应该划分给对应的工程团队。完善合理的感知质量维度全景图也可清晰决定感知质量工作团队的工作内容范畴,使得团队工作合理取舍,有的放矢,大大提高了工作效率。

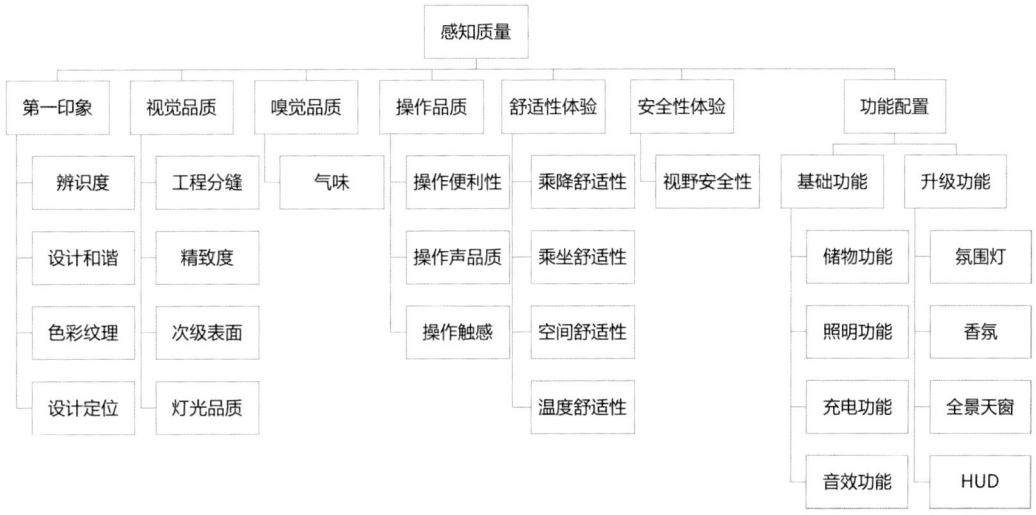

图 1-6

第二章 体系内容介绍

一、第一印象

印象指接触过的客观事物在人的头脑里留下的迹象。印象是个体（认知主体）头脑中有关认知客体的形象。个体接触新的社会情境时，一般会按照以往的经验，将情境中的人或事进行归类，明确其对自己的意义，使自己的行为获得明确定向，这一过程称为印象形成。

第一印象指初次接触某些客观事物所形成的印象，而第一印象在对方的头脑中形成并占据着主导地位，这种效应即为第一印象效应，也叫首次效应，首次效应的影响会大于后面时间所产生的影响。"你永远不可能有第二次机会创造第一印象"这句话也强调了第一印象与生俱来的独特性，塑造一个良好的第一印象对于一款产品的成功起着至关重要的作用。如图 2-1 中 4 位国际影星因其极高的辨识度长相给观众留下了深刻的第一印象。

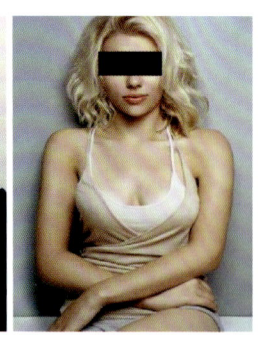

图 2-1

"基于顾客购买心理学的感知质量体系"将第一印象作为评价的首要维度，包含了辨识度、设计和谐、色彩纹理和设计定位四个二级维度，其分别决定着一款产品在初次面向顾客时带给顾客不同感官体验的各种属性维度。优秀产品设计的第一印象表现必须具备尊重原创、高辨识度、源于自然和高于生活四个特点。

1. 辨识度

辨识度原指声音音色被区分出的难易程度,这里我们用来形容一个客观事物具备的特有的某种属性,这种属性是使该事物能否在群体中脱颖而出的必然条件,如独特的外形设计、标新立异的颜色搭配等。而具备一定的辨识度是每一个独立个体存在的意义,辨识度的高低直接影响着人们对该事物的第一印象的强弱。设计语言便是决定造型第一印象辨识度的最主要因素。使用的设计语言的类型不同对应的辨识度也存在较大差异,给客户产生的第一印象也明显不同(见图 2-2)。对大众品牌诸多量产车系进行排比,其中使用了同族相异性设计语言,且设计语言为具象化设计语言的车型辨识度最高,最容易给客户留下深刻的第一印象;而其中存在诸多同族相似性设计语言的车型辨识度最低,难以使客户产生深刻的第一印象。

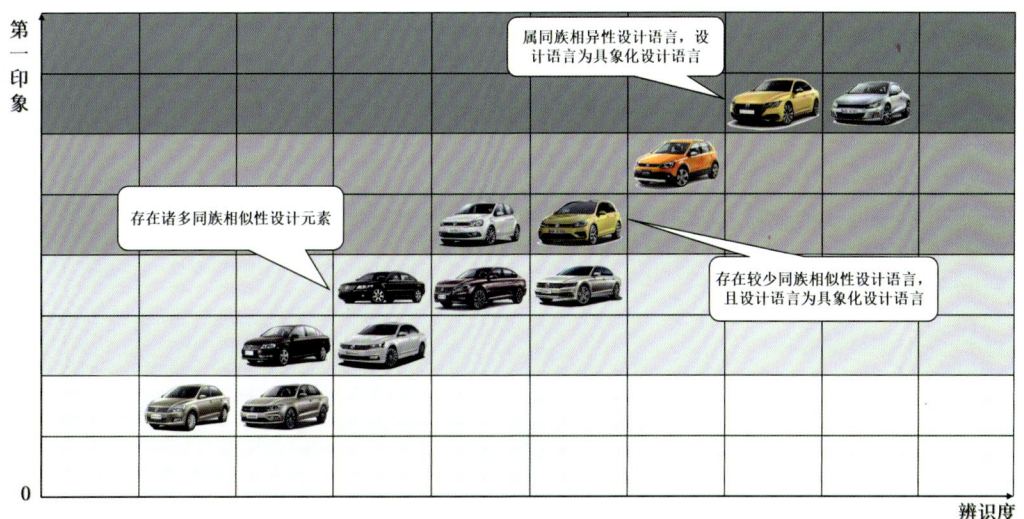

图 2-2

辨识度元素分为设计语言和无设计语言两类。设计语言指把设计作为一种"沟通的方式",用特有的创意在特定的范围(场景)内做适当的表达,进行特定的信息传递。优秀的设计师往往会在设计上使用独特的设计语言为客户诉说自己的设计理念,使得客户感受到产品的"独一无二"。而设计语言往往通过产品的整体造型或者局部设计体现,这取决于设计师的设计能力以及产品设计的各种约束。设计语言包括意象化设计语言和具象化设计语言;意象化设计语言原指对传统式具象化的直述其事和直白式抒情的反拨。这里指用整体造型或者局部元素表现出象征生活中或自然界客观存在的事物的设计手法,并使设计与意象化事物达到形神兼备的目的。具象化设计语言也可称之为形象化,指将抽象的事物具体化,这里指用具体的几何形体、参数设计来直观地表现出已知抽象事物,并使设计元素与之达到形似的目的。无设计语言指设计的出发点流于表面,通常在整体或局部上简单地用一些稀有的或型异形的几何形体元素,不存在更深一层的寓意,无法与客户进行情感层面的对话。

意象化设计语言因其以生活中客观存在的事物为设计灵感使得与客户的沟通效果更加直观,这类设计往往更容易给客户较好的第一印象,如大众甲壳虫采用仿生甲壳虫整体外形设计(见图2-3);比亚迪前脸的dragon face设计语言,借鉴了中国传统神话的龙脸作为原型(见图2-4);具象化设计语言往往将抽象事物具体化,也可称之为独特化,通过后期赋予其形体,使其可以增加一定辨识度。如宝马的"霍氏拐角"因最初由宝马设计师霍夫迈斯特设计而得名,同时颠覆了以往的传统设计(见图2-5);马自达的"魂动"设计,将一种抽象的律动感用实际的形体表现出来并应用于产品设计上,形成独特的第一印象(见图2-6)。

图2-3

图 2-4

图 2-5

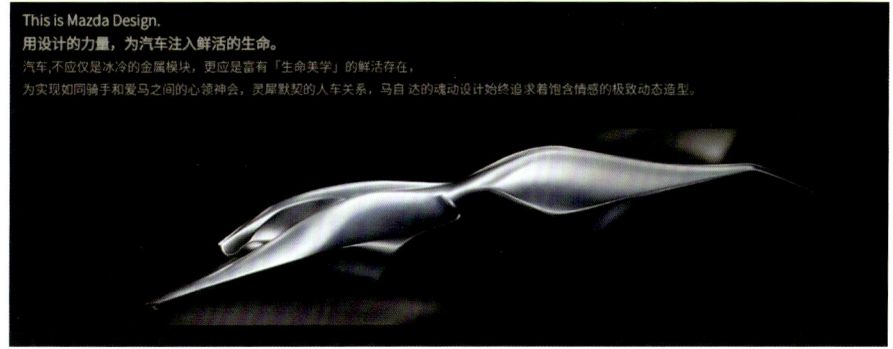

图 2-6

无设计语言类辨识度元素通常采用高辨识度元素或者型异形元素来增强产品设计的辨识度,高辨识度元素因其特有的稀缺性能快速吸引客户的注意力,通常使用极限设计手法达到效果;型异形元素属于同级竞品范围内采用差异化的设计手法而达到与众不同的目的,最终提升其产品设计的辨识度。前者属于绝对性辨识度设计方法,后者属于相对性辨识度设计技巧,在辨识度的评价中前者较后者可获取更高得分。如德系车型奥迪 Q5L 的车身腰线便采用了极限设计的方法来提升其辨识度(如图 2-7),犀利的腰线特征既是当下冲压工艺所能成型特征的极限,又因其独特性与同级竞品车型进行有效区分,达到脱颖而出的效果。

图 2-7

设计语言的评价必须包含设计语言的符合性,即产品设计可以清楚地展现出设计语言的本质,使客户能在第一时间进行识别,也就是第一印象呈线性。设计语言的符合性评价指标包含属性、形似度和特征数量(见图 2-8)。意象化设计语言和具象化设计语言分别对符合性三个指标的占比不同,意象化设计语言属性指标占比最高,形似度次之,特征数量占比垫底;具象化设计语言形似度占比最高,属性次之,特征数量占比垫底。

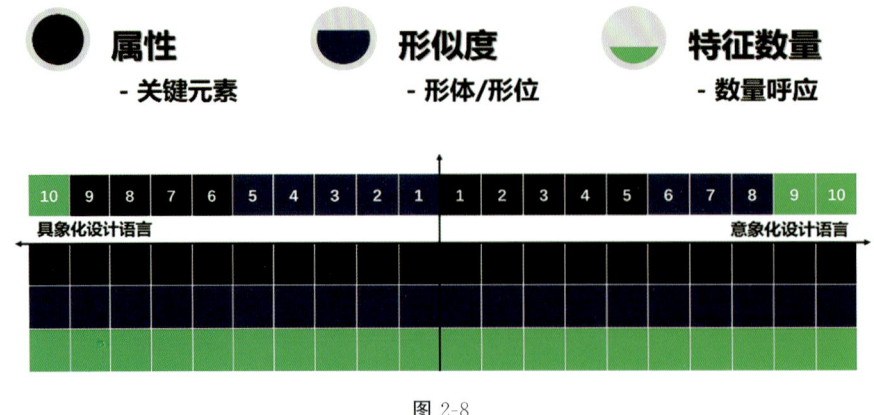

图 2-8

属性,即设计语言包含的关键元素,分别为形体、颜色、亮度和动作。不同的设计语言属性包含的关键元素不同,可以是一个,也可以同时包含多个关键元素。如吉利熊猫汽车的尾灯使用了熊猫爪的意象化设计语言,其属性的关键元素为熊猫爪,属于形体类,通过提取关键形体元素并将其抽象化应用于汽车尾灯上,便得到了具有高辨识度的设计(见图2-9)。

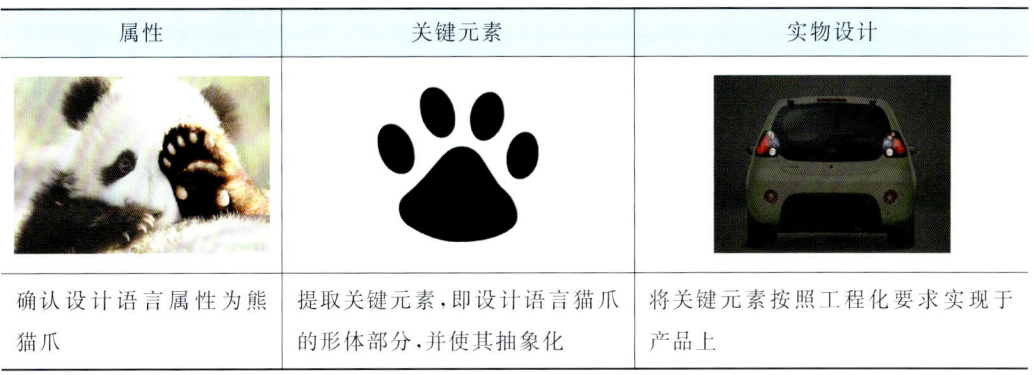

属性	关键元素	实物设计
确认设计语言属性为熊猫爪	提取关键元素,即设计语言猫爪的形体部分,并使其抽象化	将关键元素按照工程化要求实现于产品上

图 2-9

形似度,指使用设计语言的造型元素与其设计语言的形体和行为的相似程度,这里用变化趋势进行评价(图2-10)。变化趋势指造型的关键元素特征在某一特征空间内(这里通常多指绝对坐标系统)发生的形位走势或形体尺寸的改变的趋势,如特征线的拐点、粗细变化;特征面的饱和度、面方向的变化。当变化趋势相同时,重合度便作为决定形似度高低的指标,重合度又分为比例重合和非比例重合(见图2-11);当变化趋势相异时,重合度分为重合占比和无重合占比(见图2-12)。如吉利帝豪内饰的设计语言应用了西湖断桥的弓形设计,提取了断桥的桥面弧形走势,即形似度中的形位走势,且变化趋势相同,重合度为等比重合,相似度高达80%(见图2-13)。

变化趋势	相同	相异
形体状态（封闭的轮廓特征）	变化趋势:窄→宽→窄	变化趋势:窄→宽→窄/窄→宽
形位走势（非封闭的线面特征）	变化趋势:中间鼓起	变化趋势:中间鼓起/中间下凹

图 2-10

重合度	比例	非比例
形体状态	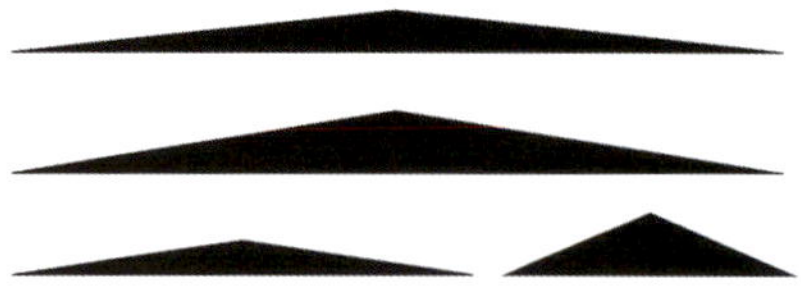 调整一个或多个坐标维度的尺寸比例便可达到完全或近似重合的目的	仅通过调整一个或多个坐标维度的尺寸比例无法达到完全或近似重合的目的
形位走势	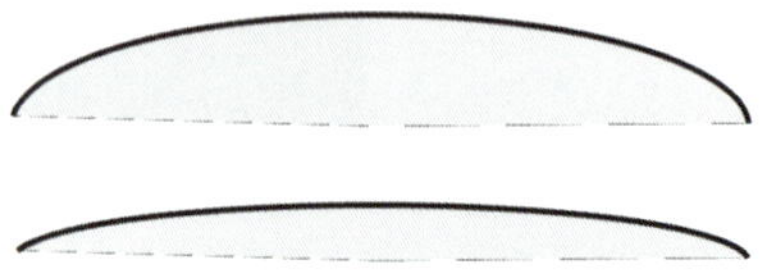 调整一个或多个坐标维度的形位比例便可达到完全或近似重合的目的	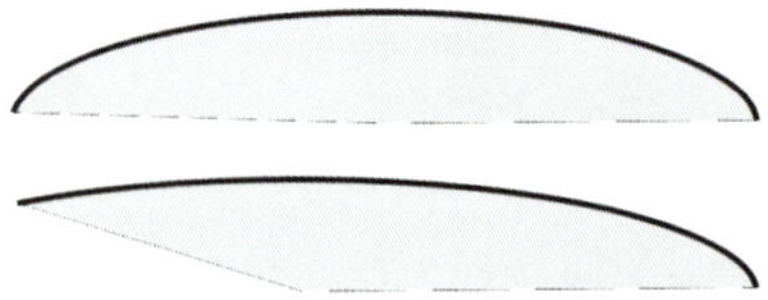 仅通过调整一个或多个坐标维度的形位比例无法达到完全或近似重合的目的

图 2-11

重合度	比例	非比例
形体状态	 存在相同形体尺寸变化趋势区间,此区间形体具有重合部分,重合的部分为重合占比	不存在相同形体尺寸变化趋势区间,无形体重合部分,无重合占比
形位走势	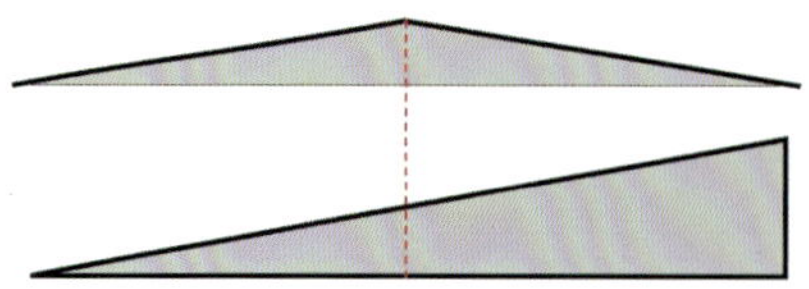 存在相同形位走势变化区间,此区间形位走势具有重合部分,重合的部分为重合占比	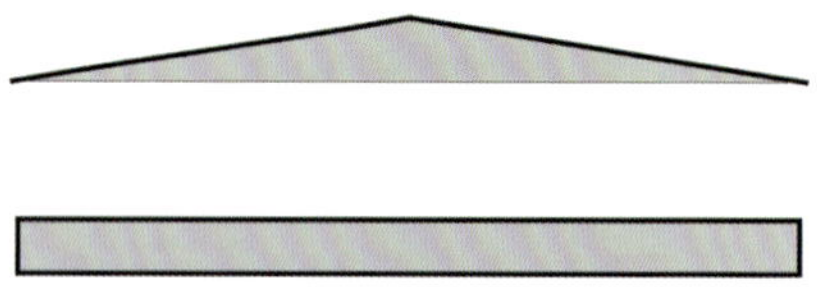 不存在相同形位走势变化区间,无形位重合部分,无重合占比

图 2-12

图 2-13

特征数量，对于多特征设计语言的特征数量在确保不影响其元素内容和形似度的前提下可以适当改变特征数量，从而简化或多元化设计。在应用多特征元素作为设计语言时应优先保证数量呼应原则，即设计特征数量与设计语言特征数量尽可能保持一致，从而达到与设计语言更高的相似性。如劳斯莱斯前格栅采用了帕特农神庙作为其设计语言，格栅竖条数量与神庙石柱数量做到了一致，完美还原其原始风格（见图 2-15）。

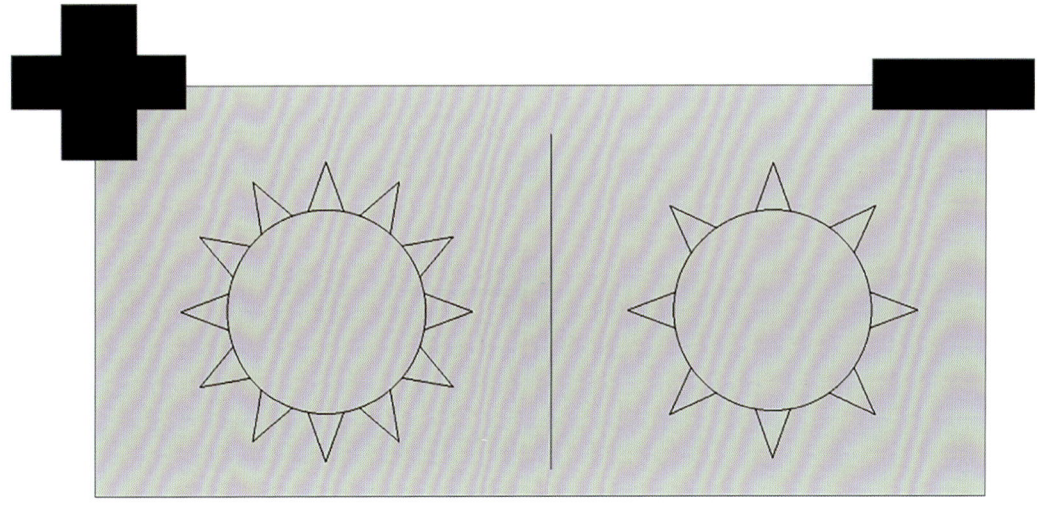

图 2-14

图 2-15

2. 设计和谐

设计和谐,也可称为视觉和谐,一种符合当代客户视觉审美的产品几何形体设计的属性,满足多数客户群对事物外观积极评价的内心需求,遵循着自然美的衍生规律。这里指设计中存在的各个造型几何形体元素相互搭配合理,有序关联,构造出视觉整体的能力,决定着体现第一印象辨识度的设计语言与基础造型元素,或基础造型元素之间的融合质量,从而给客户呈现的产品设计视觉效果达到形神兼备、有条不紊的目的。在构建感知质量第一印象属性的环节中,设计和谐决定着产品设计的细节品质的档次感,对于客户认知产品的本能反应起到量变的加成作用(见图 2-16)。

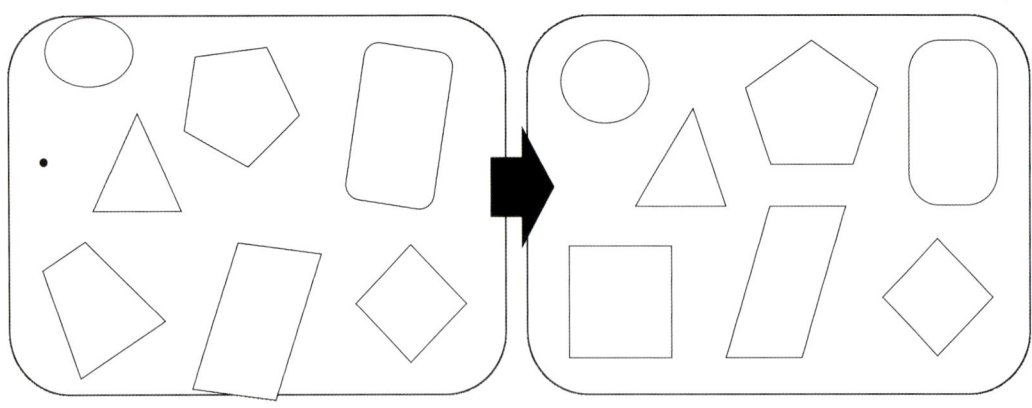

图 2-16

设计和谐公式即为达到感知质量第一印象视觉和谐的目的,从而在造型几何形体设计中应用的技巧手法,这些技巧手法包含特征连续、特征呼应、过渡自然、使用高阶面、饱满有力量、无多余特征和避免设计缺陷。

特征:指在造型设计上设计师用于表达设计意图或工程结构设计必须具备的明显区别于基础造型形体的特殊元素(见图 2-17)。

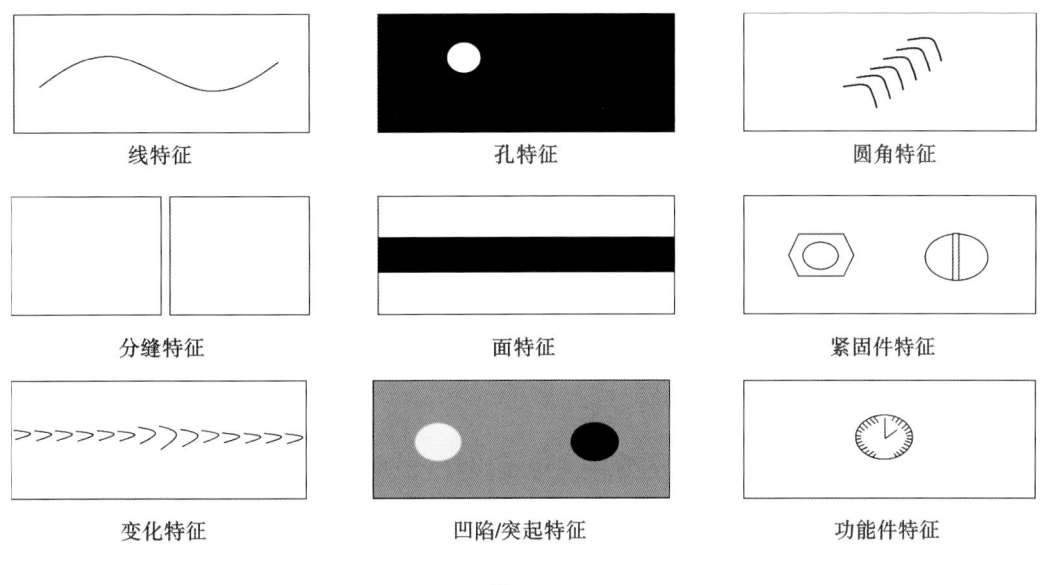

图 2-17

设计缺陷:指产品设计未进行精细化改进或工艺能力限制从而暴露出的设计阶段感知问题。

多余特征:指没有明确的造型设计意图或仅为工程需要而产生的特征,但不属于设计缺陷。

连续性:用来表示相互连接的曲线或曲面之间过渡的光滑程度,连续性越高则表面看起来越光滑、流畅。按照光滑程度的不同连续性分为 G0 连续、G1 连续、G2 连续、G3 连续(见图 2-18);G0—位置连续,G1—切线连续,G2—曲率连续,G3—曲率变化率连续。

高阶面:指造型面的连续性满足 G2 以上的连续的面,该种面满足曲率连续特性。

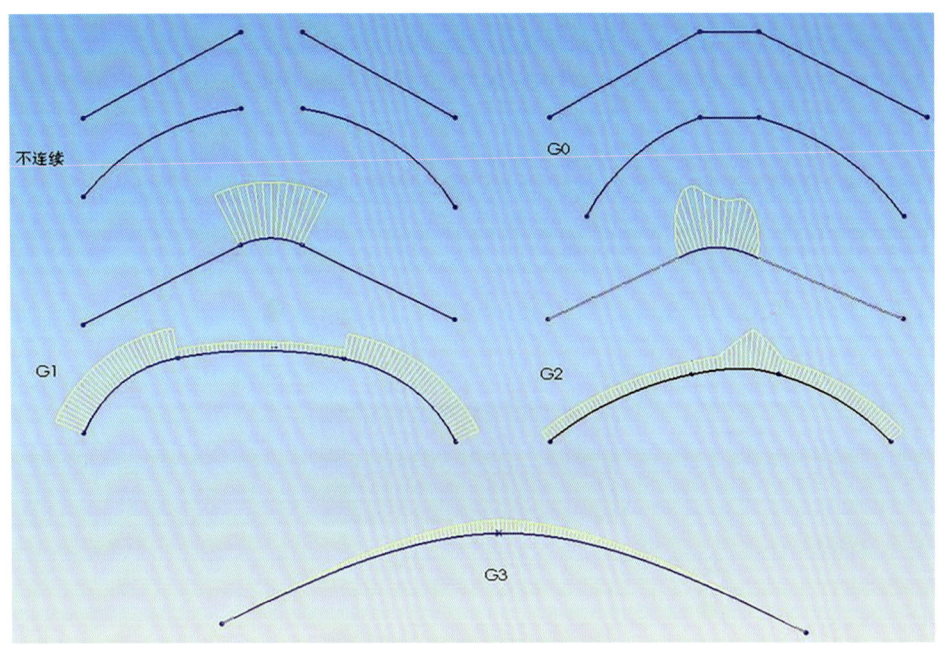

图 2-18

特征连续,指相邻两个具有配合关系的产品上存在具有形位形体上的连续的属性,这种属性可以增强设计的整体感,当存在具有形体连续性或相对位置关系的特征发生特征突变、不连续的现象便会给客户心理造成疑惑,这种疑惑会使多数客户感到不适(见图 2-19)。按照连续效果不同将特征连续分为绝对连续、趋势连续和不连续三个等级。绝对连续指相邻特征同时存在形位和形体上的连续;趋势连续指相邻特征仅存在形位上的连续;不连续则表明相邻特征既不存在形位连续也不存在形体上的连续。形位连续往往是一种宏观上的线性连续,受到连续性的影响,连续性等级越高其形位连续效果越好。形体连续则是一种微观上的几何形状的延续或渐变。如图 2-20 所示车型尾部特征宏观上线性连续,微观上圆角同样存在形体连续,微观上连续的形体特征通常包含有圆角、间隙、面差等。

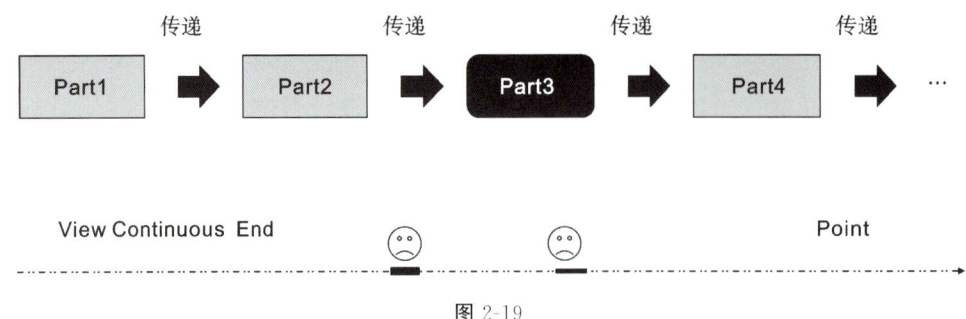

图 2-19

图 2-20

特征呼应,指在具有特殊空间位置关系或属于类似属性的事物所具备的共性,如前后、左右、上下、局部与整体具备相同的设计特征,而对称是最为特殊且直观的呼应关系。特征呼应关系可以让客户在评估整体效果时感到设计工整、风格一致的感觉,当存在特征不呼应的设计时易造成客户的疑惑和抱怨。特征呼应按照呼应效果分为绝对呼应、趋势呼应和不呼应三个等级。绝对呼应指设计特征同时满足形位和形体上的呼应关系;趋势呼应指设计特征满足形位或形体其中之一的呼应关系;不呼应即没有任何呼应关系产生。如图 2-22 车型所示,用具有相互呼应的造型轮廓特征来表达单体主题,明显增强了设计的整体性和设计定位,这里应用了趋势呼应中的形体呼应技巧。

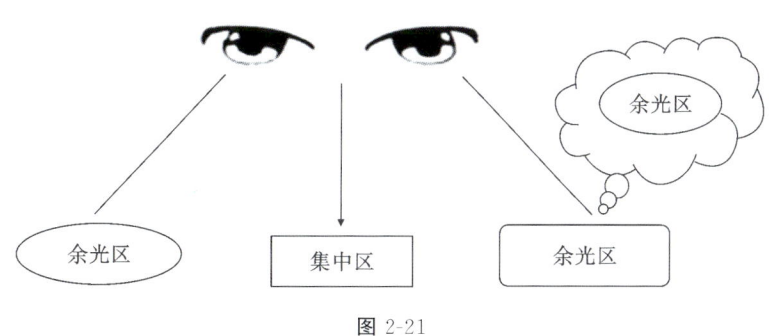

图 2-21

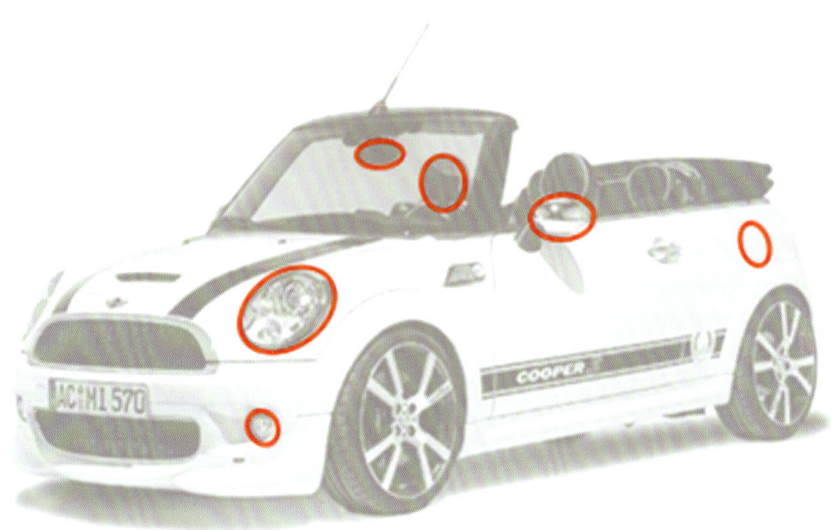

图 2-22

过渡自然,指单一造型特征存在形位与形体两种因素的制约,其追求的是逐渐地、符合顾客心理预期的改变,从而使前后特征顺承连接(见图 2-23);但这种过渡自然我们也可接受在一种因素变化时(如形位),另一种因素(如形体)对应发生不影响过渡自然的改变。如图 2-24 车型窗台水切装饰条的设计采用过渡自然的技巧,这种技巧即当特征走势发生变化时,其形状尺寸也随之发生连续性变化,这种变化更有设计感,同时满足过渡自然渐变原则、增加了设计感。通常小件(装饰件、功能件)周圈轮廓线通过连续性地变化其形位和形体尺寸满足过渡自然渐变原则。

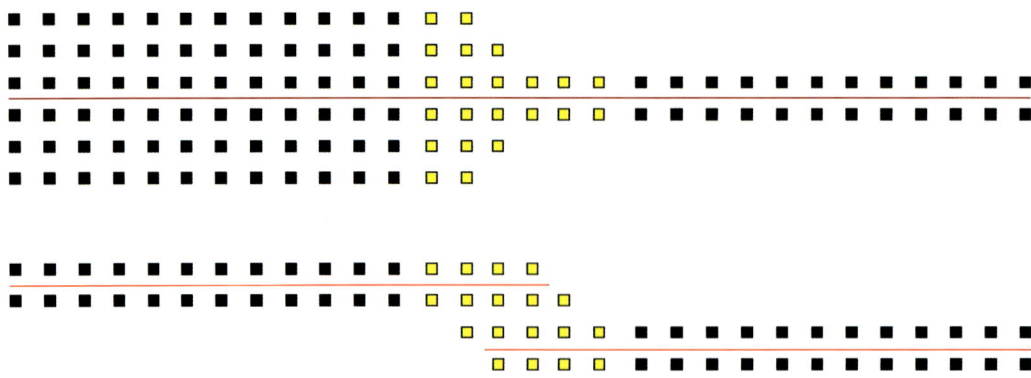

图 2-23

图 2-24

使用高阶面,指造型上用来连接单一大面的过渡小面的平滑程度要符合高阶连续的要求,这可以理解为连接两个单一大面之间所需的平面的数量和单位面积要尽可能满足构成一张平滑曲面的要求(见图 2-25)。外观基础大面与凸起特征必须满足过渡自然渐变原则,消除突兀感、台阶感。

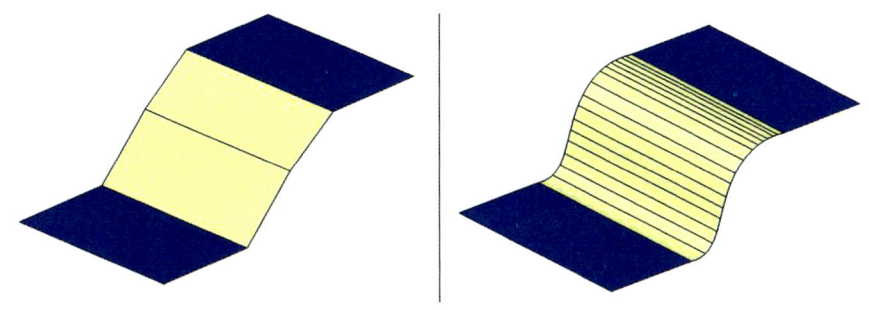

图 2-25

饱满有力量,体现在形体上常以一种具有张力、丰腴的姿态呈现,而对抗重力的形体设计是最为典型的一种有力量的手法(见图 2-26),其次,对于平面上使用冠面的设计技法也是饱满有力量的代表。通过对型面过渡使用大圆角、高阶平滑过渡,使得型面更饱满具有张力,也因此可以给客户以更舒适的感觉。另外,饱满有力量时常可拆分理解,饱满多指基础大面的中心隆起的凸出效果,显得不干瘪凹陷;有力量则指一些小的功能件或装饰件有向上的姿态,挺拔有力。

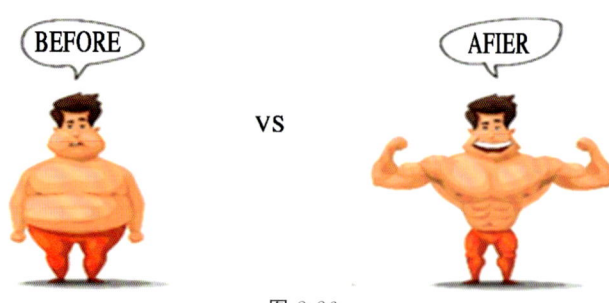

图 2-26

无多余特征,指整体设计中不存在没有明确设计意图或与整体不能形成和谐统一的元素,但又并非属于设计缺陷,多余特征的存在往往会造成客户思维逻辑的反差,从而影响视觉和谐属性(见图 2-27)。

图 2-27

避免设计缺陷,设计缺陷是一个相对性的感知问题,而其产生的原因往往是由于设计资源极度地向更高权重的视觉元素倾斜后导致局部低视觉权重的位置缺少足够调整余量,从而使局部不满足视觉和谐原则(见图 2-28)。

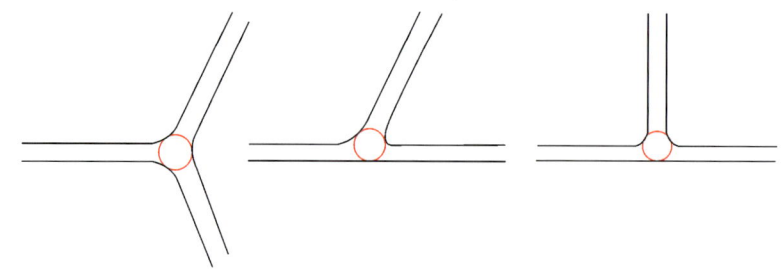

图 2-28

设计和谐属性的评估必须依托客户感知视觉权重作为基础,即装饰颜色、装饰光泽度、功能件、特征清晰度、特征数量、非特征基础面等视觉权重。设计和谐属性随着其视觉权重的基础不同影响也不同,感知视觉和谐评价的原则优先关注高视觉权重的设计和谐属性。

3. 色彩纹理

色彩纹理,又称 color & trim 或 CMF,指整车内外饰外观通过颜色、纹理、光泽度、材质和工艺五种属性组合叠加表现出的装饰效果,通过合理选取颜色、材质、光泽度、纹理以及表面处理工艺来为产品设计的形态增强视觉冲击感,同时给客户营造特定的视觉效果,不同色彩纹理方案对于相同的造型可以营造出适合不同客户群体审美的装饰效果,如年轻时尚和复古舒适的汽车内饰感觉(见图2-29)。

图 2-29

色彩纹理通过对造型设计中的颜色、纹理、光泽度、材质和工艺属性的合理化应用,丰富造型姿态的多样性,从而完美地融合造型气场和造型氛围,创造出迎合市场审美趋势以及符合整体设计主题的多维感觉效果。

颜色,通过眼、脑和我们的生活经验所产生的对光的视觉感受,我们肉眼所见到的光线,是由波长范围很窄的电磁波产生的,不同波长的电磁波表现为不同的颜色,对色彩的辨认是肉眼受到电磁波辐射能刺激后所引起的视觉神经感觉(见图 2-30)。

颜色	波长	频率
红色	625~740nm	480~405THz
橙色	590~625nm	510~480THz
黄色	565~590nm	530~510THz
绿色	500~560nm	600~530THz
青色	485~500nm	620~600THz
蓝色	440~485nm	680~620THz
紫色	380~440nm	790~680THz

图 2-30

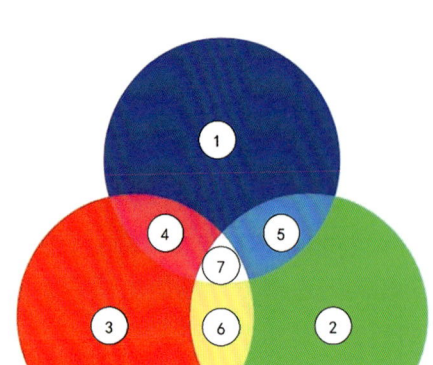

颜色分类,按照层级可以分为原色、复(补)色和间色;原色①②③:视觉中不同波长所引起的不同色调感觉,可以用红、绿、蓝三色按照不同比例来调配而得,这三种颜色就称为三原色。间色④⑤⑥:由三原色等量调配而成的颜色,我们把它们叫作间色。复色(补色)⑦:三个原色按照各自不同的比例组合而成,也可能由原色和包含有另外两个原色的间色组合而成(见图2-31)。

图 2-31

颜色分类,按照模式可分为 RGB 和 HSL。HSL 色彩模式是工业界的一种颜色标准,是通过对色相(H)、饱和度(S)、明度(L)三个颜色通道的变化以及它们相互之间的叠加来得到各式各样的颜色的,HSL 即是代表色相、饱和度、明度三个通道的颜色(见图 2-32)。RGB 色彩模式是工业界的一种颜色标准,是通过对红(R)、绿(G)、蓝(B)三个颜色通道的变化以及它们相互之间的叠加来得到各式各样的颜色的,RGB 即是代表红、绿、蓝三个通道的颜色,这两个标准几乎包括了人类视力所能感知的所有颜色,是目前运用最广的颜色系统。

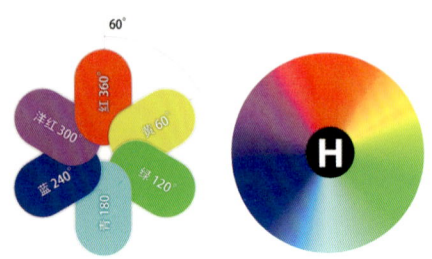 

图 2-32

颜色分类,按照颜色感觉可分为暖色系、冷色系和中性色系。其中暖色系包含红紫、红、红橙、橙、黄、黄橙等颜色;冷色系包含绿、蓝、紫等颜色;中性色系包含黑、白和灰色(见图2-33)。多种颜色调和后最终颜色的色系感觉取决于成分中占比最大的三原色中某一单一色的色系。

颜色的感知价值分为高价值和低价值颜色,高价值颜色包含高价值元素原有色和创新写意型

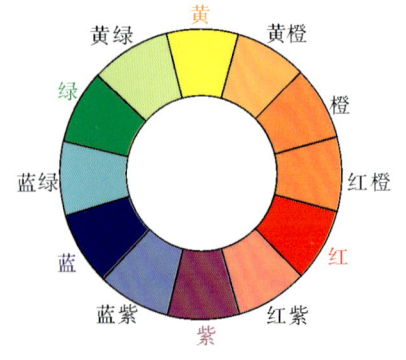

图 2-33

稀有色,高价值元素原有色指现实中已存在的大众认知意识里昂贵的商品、物品或生物等具备的代表性特殊色,该颜色因其宿主的价值而同样被赋予了较高的价值,如法拉利红、iphone 金等(见图 2-34)。

图 2-34

创新写意型稀有色指根据现实中的意象化或具象化的事物通过设计手法的形式创造出的一种全新的具备某种内涵的颜色,这种颜色往往会使客户产生深层次联想而产生高价值,如魂动红、远峰蓝、腮红金等(见图 2-35)。

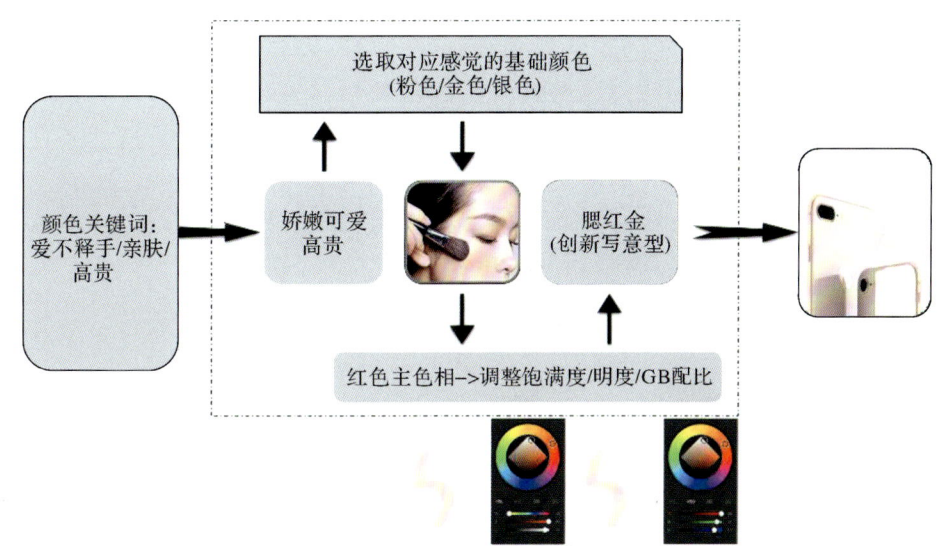

图 2-35

纹理,通常指物体表面所呈现的平面或几何型的图案,其用途包括丰富表面装饰、增强耐磨和刮擦以及起到防滑效果。纹理分类可以按照触感、来源和风格三种方式进行分类。

按照触感分类,纹理可分为平面型、立体型和组合型纹理(见图 2-36)。

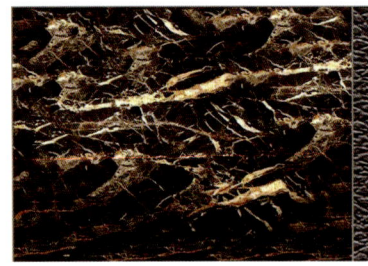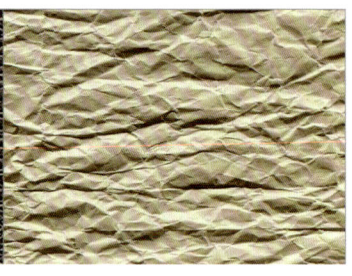

平面型
仅存在图案平面型纹理,无立体触感

立体型
具有微观立体触感的平面图案型纹理

组合型
由平面性材料经过特殊处理(如揉搓、折叠)形成的具有立体触感的纹理

图 2-36

按照来源分类,纹理可分为天然型、仿天然型和人工型纹理(见图 2-37)。

天然型
由自然界直接获取并经过简单的且不会改变外观加工的纹理

仿天然型
由人工制造的,并且具备类似天然型纹理外观的一类纹理

人工型
由人工制造的,且不具备类似天然型纹理外观的一类纹理

图 2-37

按照风格分类,纹理可分为科技纹、运动纹、原生纹和中性纹等(见图 2-38)。

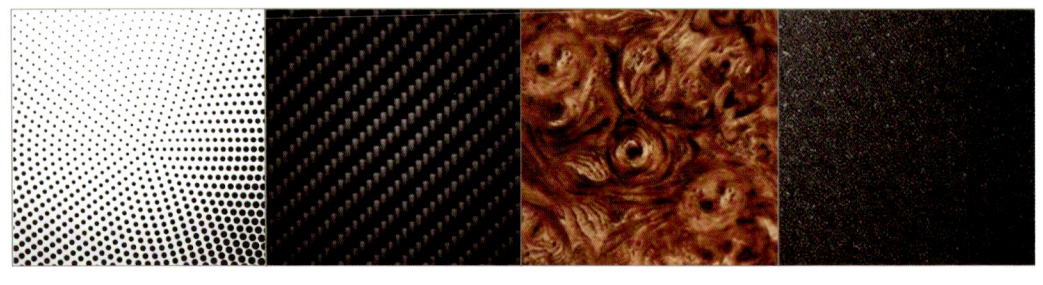

科技纹
具有科技元素意向化的纹理,如参数化

运动纹
具有益于运动特性的物体的纹理

原生纹
自然界中存在的现有纹理

中性纹
一般纹理,仅具有一定功能性的作用

图 2-38

纹理的各种分类最终都可以将每一种纹理对应其根本纹理属性,这些纹理属性包含环保性、功能性和工艺性。环保性纹理指天然绿色型的纹理,不存在或不易察觉加工的痕迹,给客户以健康、高价值的感觉;功能性纹理指具有除装饰功能

以外的其他功能性的纹理,如轻量化、增加摩擦力、增强舒适感等非装饰性功能的效果,这类纹理功能感来源于其原始材质的功能用途和特性;工艺性纹理指由人工制成,通过简单或复杂的工艺形成的一类新型的纹理,而纹理的工艺价值感的高低往往与工艺的复杂程度呈正相关关系。纹理的感知价值往往随着纹理自身属性的不同而存在差异。

光泽度是在一组几何规定条件下的对材料表面反射光的能力进行评价的物理量,光泽作为物体的表面特性,取决于物体表面对光的镜面反射能力,所谓镜面反射是指反射角与入射角相等的反射现象,平行光线经界面反射后沿某一方向平行射出,只能在某一方向接收到反射光线(反射面是光滑平面),高光表面必须达到镜面反射效果(见图2-39)。光泽度的决定因素是物体表面对光的镜面反射能力。

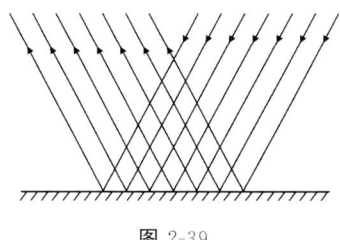

图 2-39

光泽度高低的影响因素主要有涂膜和表面粗糙度。涂膜分子的大小、形状和排布方式对于反射光线的反射能力或者具备的消光性决定了表面光泽度的大小。物体表面的粗糙度直接影响表面反射的类型,反射类型决定了反射光线的强弱,从而决定了表面的光泽度大小。按照物体表面反光率的不同可将物体表面分为高光泽度、哑光泽度和无光泽度三种(见图2-40)。

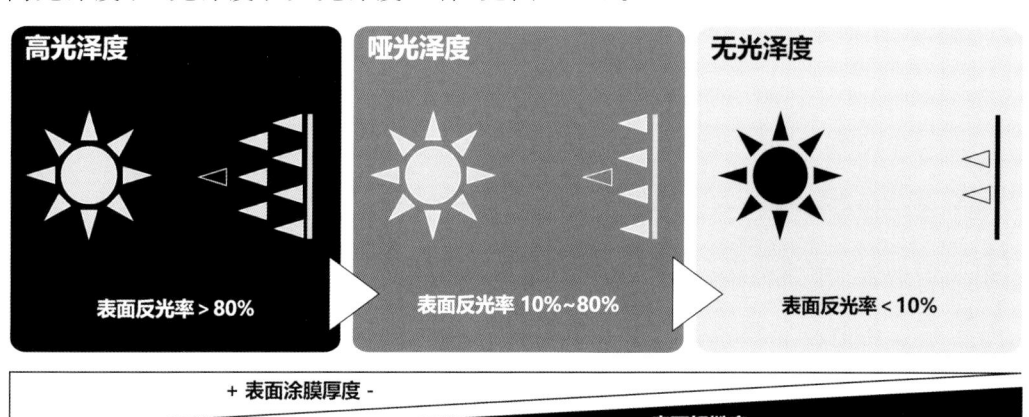

图 2-40

高光泽度的物体表面因能反射更多光线进入客户眼中从而刺激客户的视觉效果,也使得自身占据了更高的视觉权重;而本身的高光泽度又可使自己脱颖而出,产生高价值感。因此,高光泽度与多数硬材质的结合可以提升硬材质原本的价值感。低光泽度的物体表面因反射较少的光线使得其本身具备一定的视野保护效果,因此在易影响客户驾驶或易使视觉受刺激的视野保护区域,可使用低光泽度处理确保安全。同时,低光泽属于某些高价值材质的固有属性,如皮革、织物等软质材质。

材质,指材料和质感的总称。材料分为金属材料和非金属材料,质感则包含物理质感和化学质感,物理质感包含硬度、表面粗糙度、表面温度、重量感等;化学质感包含表面老化和变色、耐脏、耐腐蚀度等。材料与质感的感知关系见图2-41,通过了解不同材料具备的质感可以在有利于客户使用的地方进行布置,从而提升客户对产品质感的感知价值。

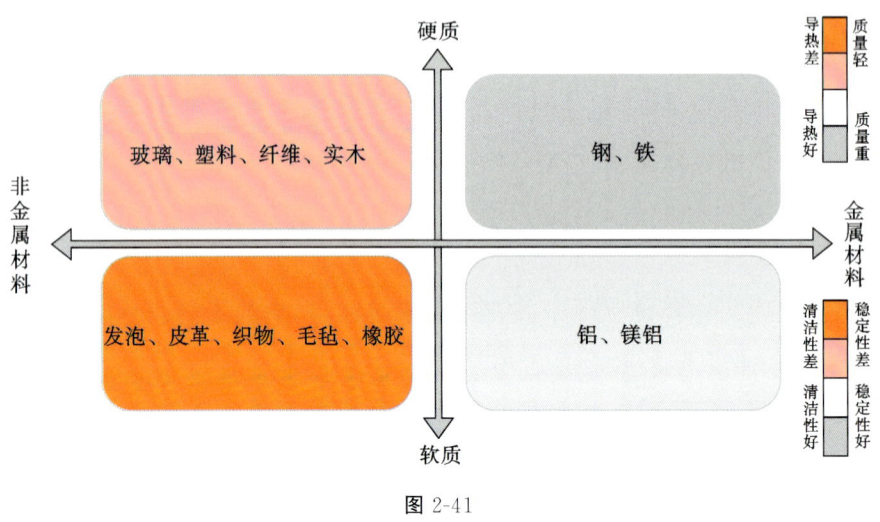

图 2-41

质感的成熟度与客户对材质的认知度随材料含工业化成分的减少反而越高,这里所说的工业化成分包含了工艺、添加剂等物理或化学影响。按照材质含工业化成分的不同我们将材质可以分为自然材质、半自然材质、仿自然材质和工业材质。自然材质包含实木、钻石等纯天然成分的材质;半自然材质包含天然橡胶、麂皮、黄金等需要经过纯工艺化的加工才能得到的材质;仿自然材质包含织物、alcantara等属于人工合成得到的材质,且具备一定的自然材质所具备的质感;工业材质包含各种金属材质、塑料、玻璃等完全由人工合成但不具备自然材质的质感。

客户对于质感的感知价值与材质本身的价值和材质的稀缺性相关,材质本身价值越高,客户的感知价值也越高;而单一产品同材质使用率越低,并且材质的稀缺性越高,则客户的感知价值越高。

工艺,按照对产品的感知影响可分为平面装饰工艺(无特征工艺)和表面成型工艺(多特征工艺)。常见的平面装饰工艺如喷涂、电镀、转印、拉丝、烫印等;常见的表面成型工艺如雕刻、皮纹注塑、热压、发泡等(见图2-42)。

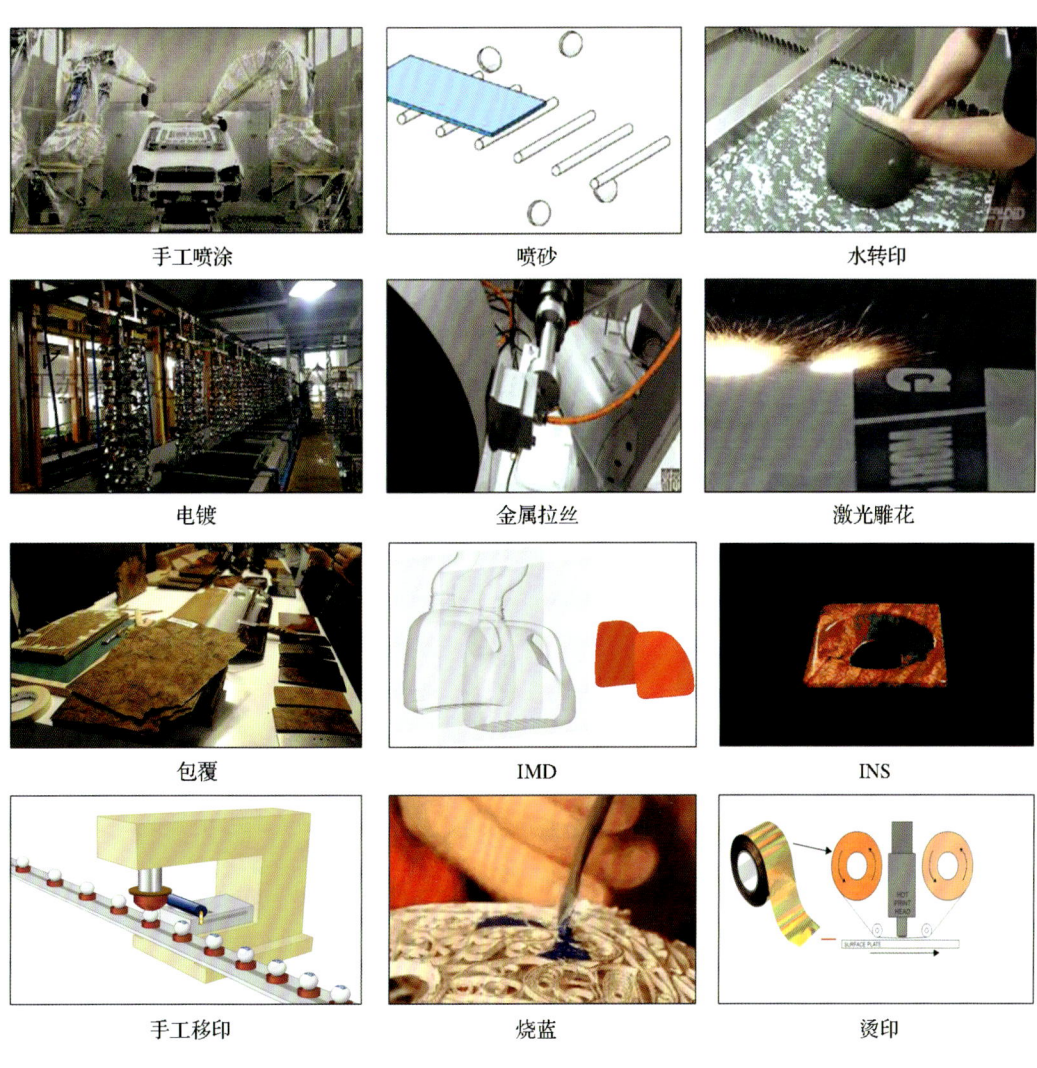

图 2-42

客户对于工艺的感知受工艺的复杂度和辨识度决定,客户通过工艺元素对于产品品质的感知评价与产品表现出的外观效果涉及的工艺复杂程度直接相关,往往所涉及的工艺成分种类越多且包含的手工成分越多,客户的感知评价越高。客户通过工艺元素对于产品品质的感知评价与产品表现出的外观效果涉及的工艺的辨识度同样相关,往往所涉及的工艺成分创新度越高或者工艺使用的普及率越低,客户的感知评价越高(见图2-43)。

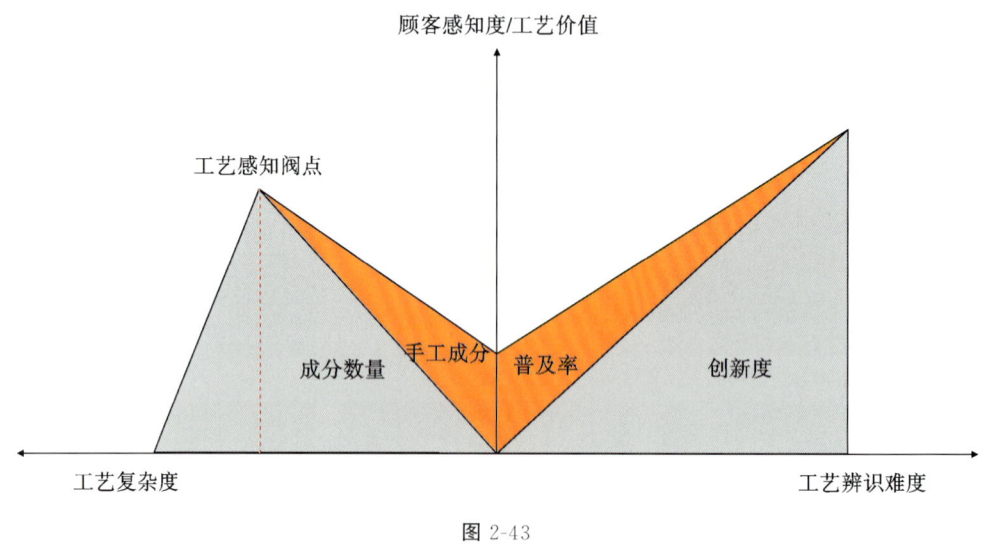

图2-43

对于整车色彩纹理的评价核心本质就是是否将颜色、纹理、光泽度、材质和工艺合理的搭配从而使整车外观装饰效果可以达到凸显主题、层次分明、装饰和谐以及自然环保的要求。

凸显主题可以理解为装饰效果与产品的设计定位相一致,即核心的装饰符合产品自身的情感定位、品牌定位和功能定位,这一点会在后面的设计定位一章中介绍。

层次分明可以理解为整车外观装饰多样性的完美组合,层次分明有严格的装饰逻辑性。这里我们将整车装饰分为主题装饰、氛围装饰、功能装饰和基础装饰四个层级(见图2-44)。主题装饰定义为用来体现产品核心定位且分布在客户视野焦点的装饰部分,这部分的装饰价值最高;氛围装饰即用来营造产品内饰的整体感知氛围,异于基础装饰的大面积装饰,装饰价值次于主题装饰;功能装饰是一种用来突出使用权重,做差异化处理的装饰;基础装饰作为打底反衬的部分,往往也是一种最低价值的装饰。

	主题装饰	氛围装饰	功能装饰	基础装饰
装饰价值		■■■■■■■■—		
颜色价值	创新写意型稀有色—高价值元素原有色—常规色			
光泽度	高光泽/固有光泽	无	高—哑—无	无
工艺价值	高	中	中—高	低
材质成熟度	高—中	高—中	低	低
纹理类型	环保型/功能型	环保型/功能型	环保型/功能型	功能型/工艺型
装饰辨识度	高	中	中	低

图 2-44

装饰和谐包含装饰连续、装饰呼应、无多余装饰和避免装饰缺陷四种属性。装饰连续即外观装饰与设计和谐中的特征连续达到相呼应的程度,按照呼应程度的不同依次分为装饰绝对连续性、装饰近似连续性和装饰不连续性。装饰绝对连续性即存在特征连续关系的几何元素对应的外观装饰完全一致;装饰近似连续性即存在特征连续关系的几何元素对应的外观装饰仅存在颜色、纹理、光泽度、材质和工艺其中一种或多种的一致;装饰不连续即存在特征连续关系的几何元素对应的外观装饰不存在任何一种的外观效果的一致(见图 2-45)。

图 2-45

装饰呼应即外观装饰与设计和谐中的特征呼应达到相呼应的程度,按照呼应程度的不同依次分为装饰绝对呼应性、装饰近似呼应性和装饰不呼应性。装饰绝对呼应性即存在特征呼应关系的几何元素对应的外观装饰完全一致;装饰近似连续性即存在特征呼应关系的几何元素对应的外观装饰仅存在颜色、纹理、光泽度、材质和工艺其中一种或多种的一致;装饰不呼应即存在特征呼应关系的几何元素对应的外观装饰不存在任何一种的外观效果的一致(见图 2-46)。

图 2-46

无多余装饰是一种违背客户视觉权重和装饰层次分明的设计装饰。违背客户视觉权重的装饰即将高价值装饰布置在了低视觉权重的位置且没有特有的设计意图,这样的装饰效果易造成整体外观效果的表达错误,从而引起客户的困惑(见图 2-47)。违背装饰层次分明即在低层次区域使用了高价值装饰,颠倒了原有的符合装饰逻辑的效果,形成反差,当这种反差效果并非设计意图时,即产生了多余装饰效果(见图 2-48)。

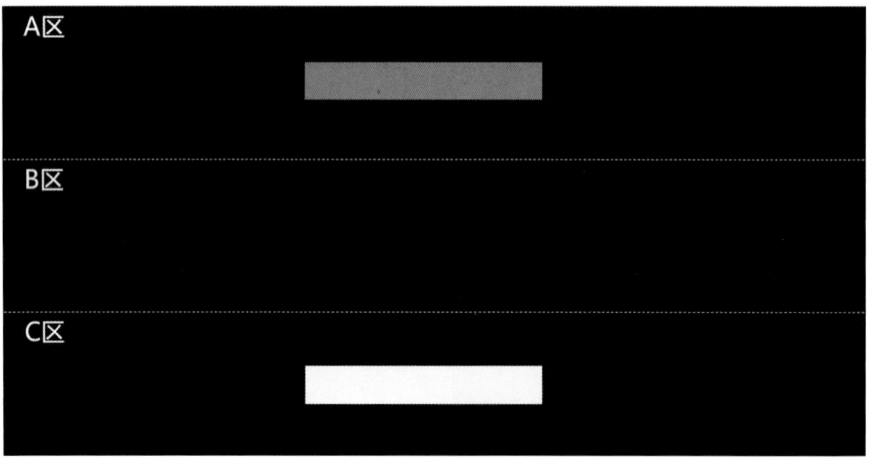

图 2-47

图 2-48

避免装饰缺陷,指设计阶段和制造阶段产生的不利于客户使用安全或极易引起客户抱怨的外观装饰效果。设计阶段的装饰缺陷多表现为一种因外观装饰效果而造成客户使用的不便甚至影响安全的缺陷,如 IP 出风口的装饰引起的前挡反光从而造成前部视野的干扰问题;制造阶段的装饰缺陷即实物的装饰效果与设计装饰效果不一致的统称(见图 2-49)。

图 2-49

4. 设计定位

设计定位,指产品设计最终表征出的外观效果是否符合特定客户的预期,多大程度地满足客户对于产品的情感、功能和品牌的心理需求,从而刺激客户的消费欲实现产品的卖点。设计定位分为情感定位、功能定位和品牌定位。

情感定位,即客户看到产品后会产生怎样的情感变化,这些情感变化是否是由设计语言或造型辨识度元素直接造成,以及外观装饰是否升华了这一情感定位。情感定位按照客户的情感波动性分为动态类和静态类;按照客户的情感倾向分为强烈倾向型和情感中性型,二者结合形成情感定位的波士顿矩阵(见图2-50)。

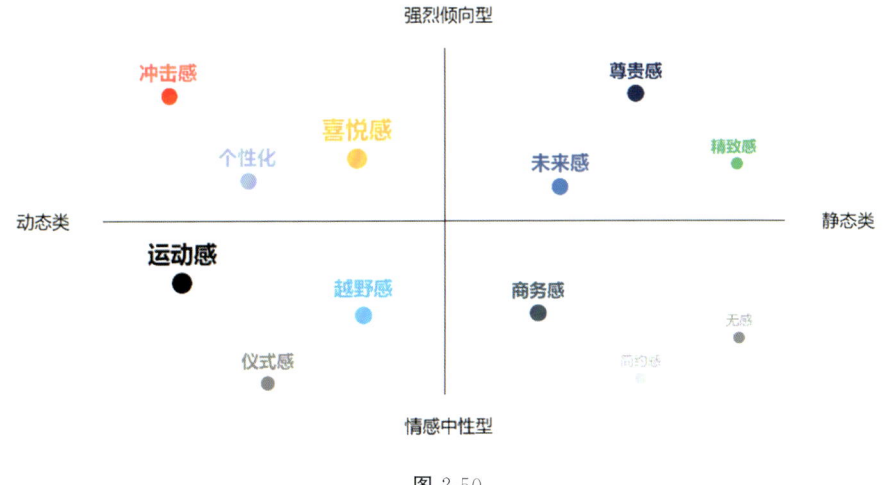

图 2-50

符合情感定位的产品可以引起客户的内心共鸣,按照情感定位划分的动态情感和静态情感分别与产品设计元素对应可以得到情感定位设计关系图(见图2-51)。设计元素中的线特征、面特征、体特征、颜色以及设计语言分别与不同情感对应,从而引发客户内心同种的呼应,增强产品设计的内在灵魂。如马自达外饰设计采用了软线条、意象化设计语言、多变曲面和暖色调装饰,突出了动态类的情感定位,强化了其冲击感和运动感的特性(见图2-52)。大众内饰采用了软性条、简单曲面、具象化设计语言和中性色调,突出了静态类的情感定位,强化了其简约感的设计风格(见图2-53)。

	动态情感	静态情感
线特征	☐ 软	☐ 硬
面特征	☐ 多变曲面	☐ 简单曲面
体特征	☐ 偏大/偏小	☐ 适中
颜色	☐ 冷/暖	☐ 中性
设计语言	☐ 意象化	☐ 具象化

图 2-51

图 2-52

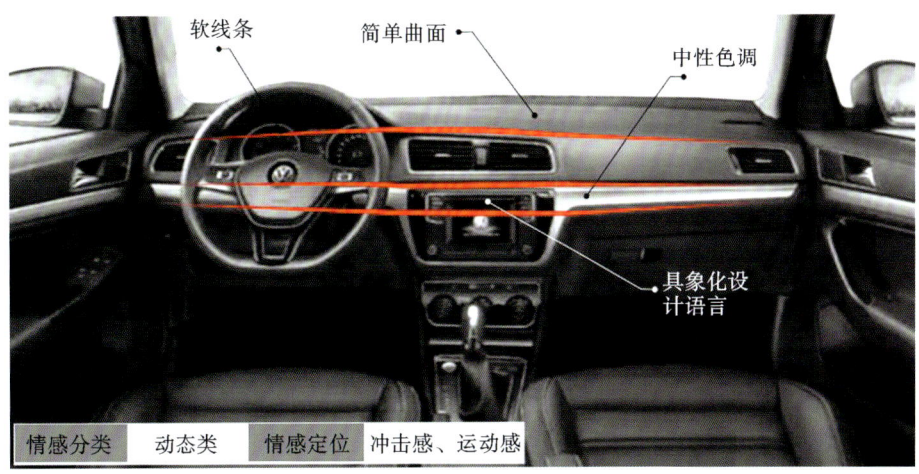

图 2-53

　　功能定位,也可称为用途定位,即产品适用何种的使用场景或用途,常规的用途包含家用、商务、运动、越野、行政等。产品的使用场景可以用场景的正式度来定义,通常场景的正式度不同,其对应产品的大众化程度也不同(见图 2-54)。场景正式度与产品的设计元素也存在必然的关联,这种关联体现在产品使用过程中的形体特征和装饰效果(见图 2-55)。

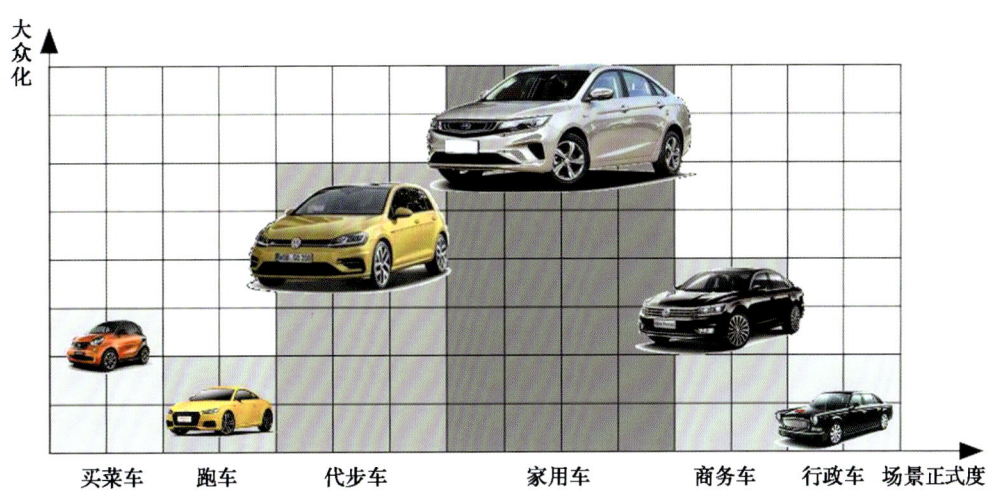

图 2-54

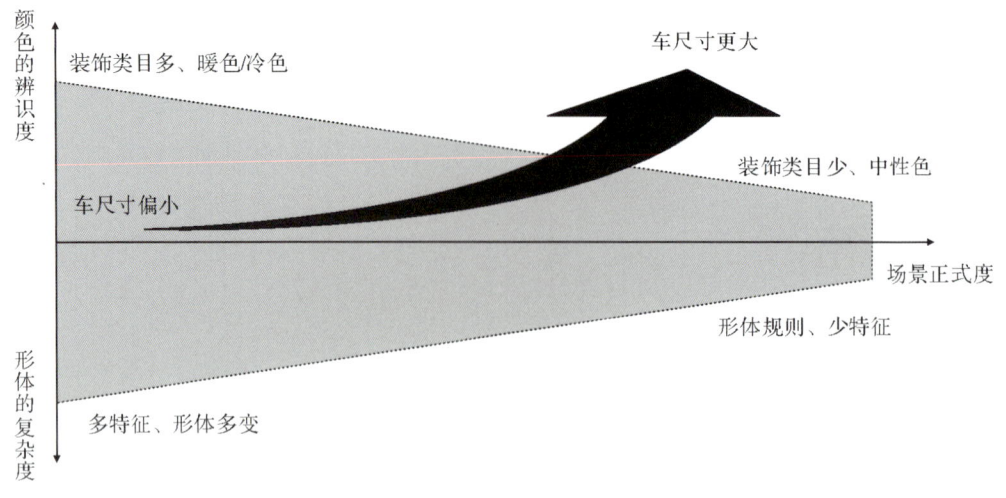

图 2-55

品牌定位，也可以理解为品牌价值，好的产品设计经过岁月的积累和客户的口碑相传可以构建出更高的品牌价值，而当一个品牌横空出世带有自身特有标签面向客户时，产品设计就必须与品牌定位相呼应，形成自身的设计风格。品牌价值与第一印象中的辨识度和视觉和谐的关联往往是相辅相成的，当较高的价值品牌产品强化其第一印象辨识度便可提升其产品的溢价率，当相同的品牌价值产品设计同时具备较高的辨识度和视觉和谐属性，产品的设计第一印象就越高。相反，产品设计的同族或对标相似度越高，其品牌价值将会大大降低（见图 2-56）。

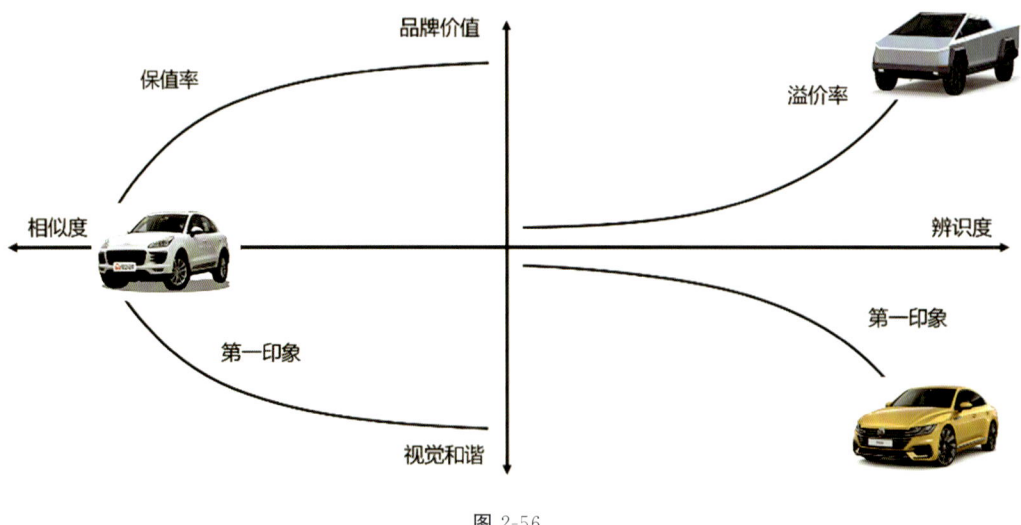

图 2-56

品牌定位与设计定位的直接关联体现在产品设计元素的特征上，如特斯拉的品牌价值为高端品牌,其品牌定位科技、简洁和高辨识度,因此,其产品设计采用了诸多简洁科技化设计,如隐藏式门把手、无框车门、无格栅设计以及高度集成化内饰设计风格(见图 2-57)。

图 2-57

二、视觉品质

视觉品质,指客户通过视觉感观获取的产品的细节品质,不同于第一印象,视觉品质产生在客户更近距离接触产品的区域,客户所感知的产品的视觉品质是由工程因素决定的外观表现,包含了工程分缝、精致度、次级表面和灯光品质四个维度。

1. 工程分缝

工程分缝,指构成同一种外观表面处理效果的造型面的各零部件因性能属性、工艺属性、材料属性以及运动关系等因素影响必须进行分割形成独立个体,这个分割过程就叫做工程分块,分割产生的分割线叫做工程分缝。按照感知质量的视觉维度评审原则,工程分缝属于视觉缺陷。工程分缝优化原理:①符合精益设计要求(即分缝方案可以最大程度减少零部件数量);②符合外观"分缝和谐"评价规范。

工程分缝按照其所包含的分缝数量不同分为基础型分缝、组合型分缝、多段型分缝和封闭型分缝(见图 2-58)。

基础型分缝	组合型分缝	多段型分缝	封闭型分缝
两个零件的对应单一边配合的分缝数量为单位分缝数量	多个零件的对应单一边组合形成的分缝且该条分缝在任一点满足≥G1连续,则该条分缝数量为一条	单个零件的单一边与多个零件对应边组成的分缝且分缝在过度点的连续性<G1,则该条分缝为多段分缝,分缝数量等于过度点数量+1	封闭型分缝且分缝上任一点满足≥G1连续,则该条分缝数量为一条

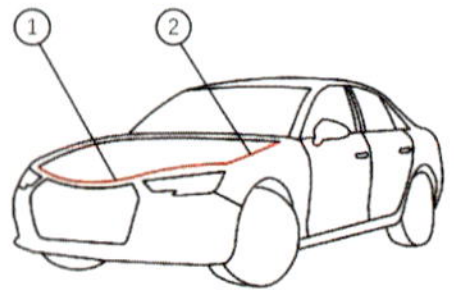

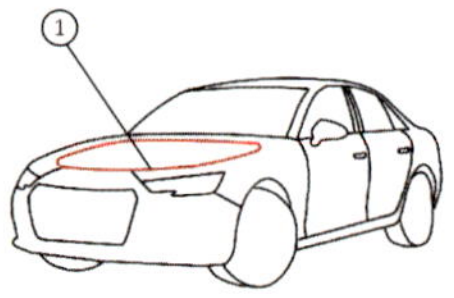

图 2-58

工程分缝的感知评价由分缝和相关的造型特征的形位关系决定,分缝融合造型特征的程度越高,其得分越高,反之越低。工程分缝的感知评分标准见图 2-59。

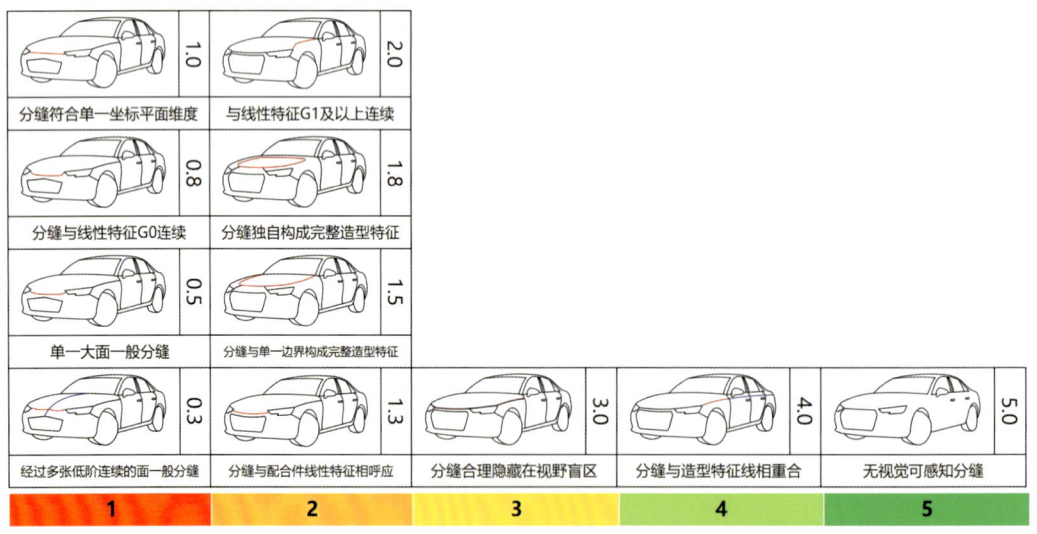

图 2-59

当工程分缝处于不同基础色时,分缝的辨识度不同,客户所感知的分缝的视觉缺陷程度也存在明显差异,这里将基础色权重分为黑色系基础色、车身色基础色和装饰异色基础色(见图 2-60)。

分缝基础色权重		
基础色权重×10	基础色权重×5	基础色权重×2
分缝位置基础色为黑色	分缝位置基础色为车身色	分缝位置基础色为装饰色或功能件（异于车身色的非黑色装饰颜色）

图 2-60

工程分缝的评分方法分为单一型分缝取值法和复合型分缝计算法。单一型分缝评分可直接查阅工程分缝评分标准即可；复合型分缝又分为 AB 型、A+B 型和 AB+C 型。AB 分缝指同一条分缝包含两种评分属性，这里规定其评分计算方式为 $A+0.5×B$（见图 2-61）；A+B 分缝指组合型分缝，分缝中不同部分包含不同的评分属性，这里规定其评分计算方式为 $A×n/10+B×10-n/10$（见图 2-62）；AB+C 分缝指的是组合型分缝的特殊情况，即分缝中不同部分包含不同的评分属性，且其中一部分或多部分同时包含了两种评分属性，这里规定其评分计算方式为 $(A+0.5×B)×n/10+C×10-n/10$（见图 2-63）。

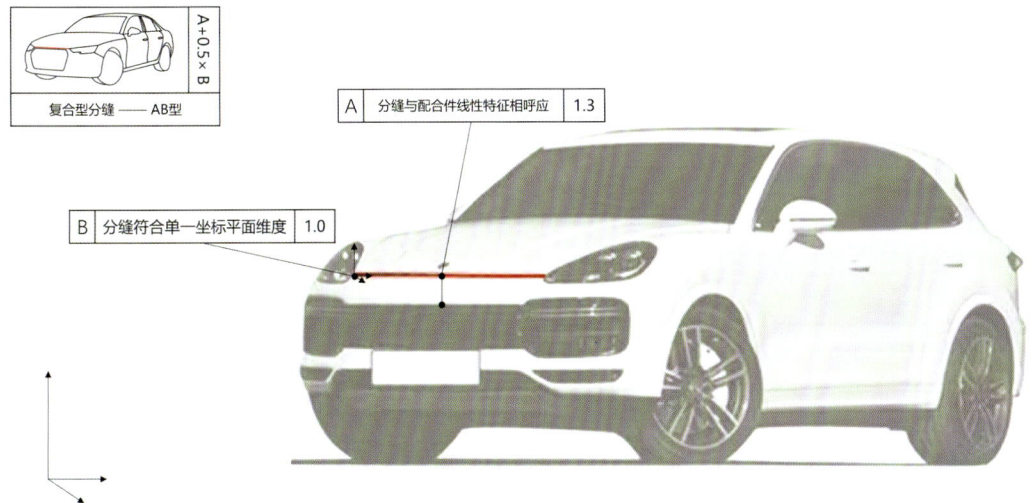

图 2-61

图 2-62

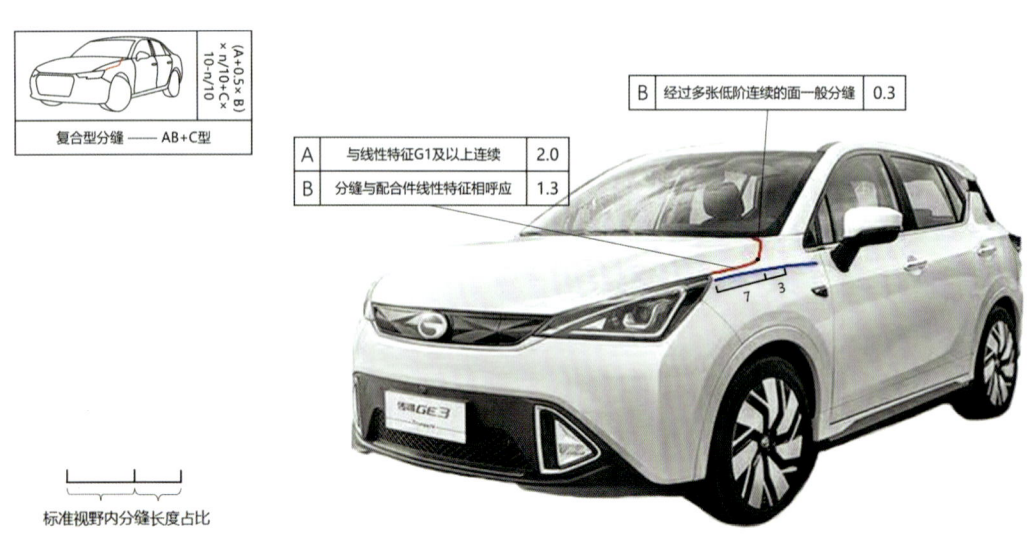

图 2-63

2.精致度

精致度,指整车外观设计的精巧程度和制造的用心程度的总称。这里所说的设计的精巧程度可以理解为在产品单位表面上所能完成的最小完整的特征的能力以及对设计中存在的各种配合方式的美化、隐藏、弱化的水平;制造的用心程度则表示整车实物所表现出来的外观几何形体属性(点、线、面、体)与设计的数据状态接近的程度。整车静态感知质量精致度评价的内容包含间隙、面差、圆角、配合方式以及做工质量。

间隙分为匹配间隙、视觉间隙和DTS间隙。匹配间隙又称工程间隙,为矢量,匹配间隙的大小等于两个匹配零部件之间恰好能完全通过的最大球的直径,即最大球法。匹配间隙的方向为最大球恰好通过时与两侧零部件相切点的连线方向;匹配间隙的朝向为匹配间隙方向的法向(见图2-64),匹配间隙的大小最为直观地反映了工程能力的差异。匹配间隙是配合基础,影响着DTS间隙和视觉间隙的大小。视觉间隙为标量,视觉间隙的大小为两个匹配零件之间的匹配间隙因边界倒圆角或拔模处理后增大的区域面积(见图2-65),视觉间隙的大小反映了设计的用心程度,视觉间隙的优化是工程和工艺水平综合改进的结果,这一工作也是感知质量精致度优化的核心工作。DTS间隙指用于简易地表示外观间隙的近似大小,并且分别在数据阶段和实车阶段进行校核、管控。其测量方式因断面形式的不同也存在差异,因此,对于DTS间隙其基准的正确选择最为重要(见图2-66)。

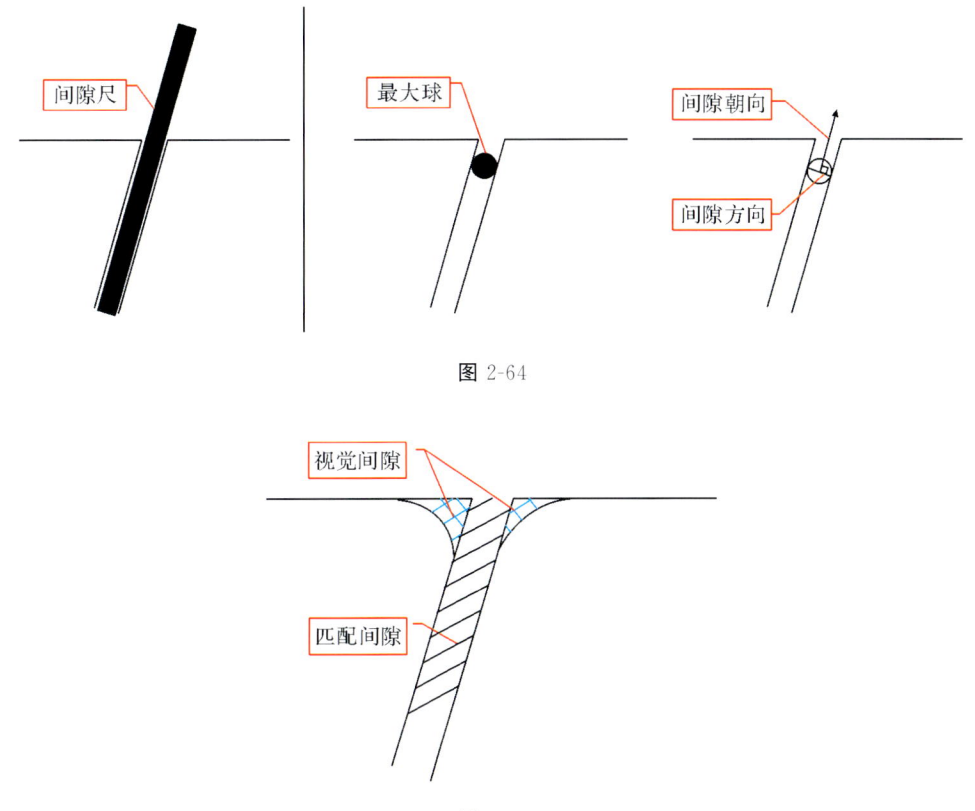

图 2-64

图 2-65

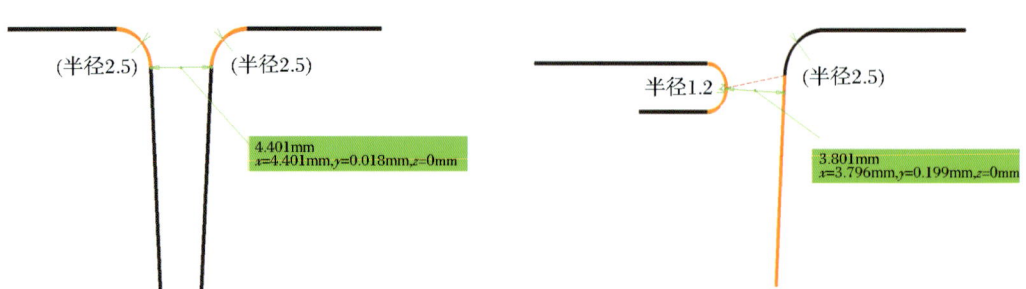

图 2-66

面差分为偏置面差、非偏置面差和造型深度，这里造型深度不属于绝对意义上的工程面差，但在很多特定情况下可以将其与面差等同对待，如影响人体操作和舒适感时等。偏置面差，指造型基准面因设计或制造需求进行分块处理并将其中一部分沿某一特定方向（通常为该子零件的出模方向或装配方向）进行偏移产生的高度差（见图 2-67）。非偏置面差仍属于面差，性质同偏置面差，配合两侧的基准面仍属于原始基准面，但因原始基准面发生错位后，配合两侧的面方向不同，导致视觉效果上属于非同一面偏置产生（见图 2-68）。造型深度指因造型效果需要导致造型基准面产生的不同方向的错位高度，这种错位不同于面差，其本质区别在于错位面本属于不同面，断面上也无法找到共有基准面（见图 2-69）。

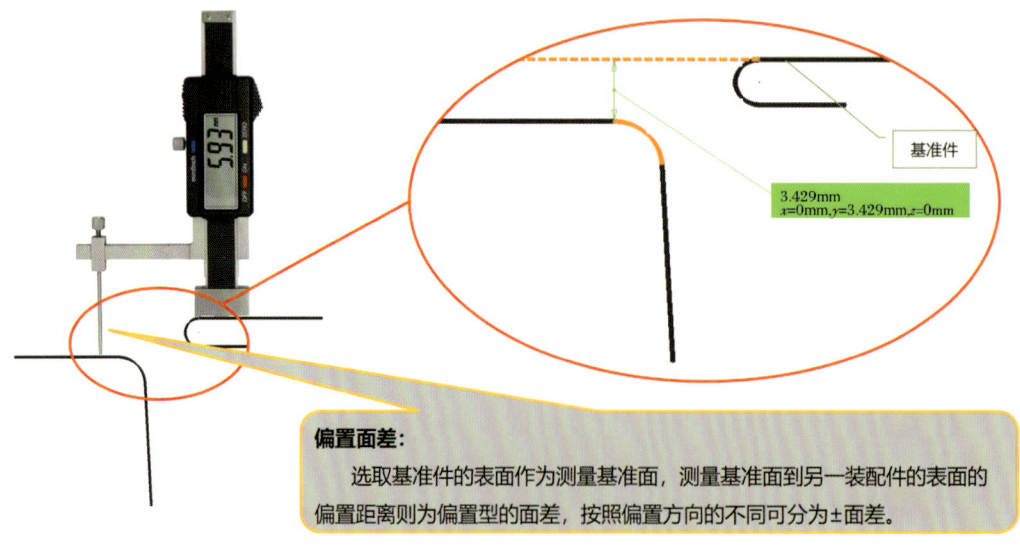

图 2-67

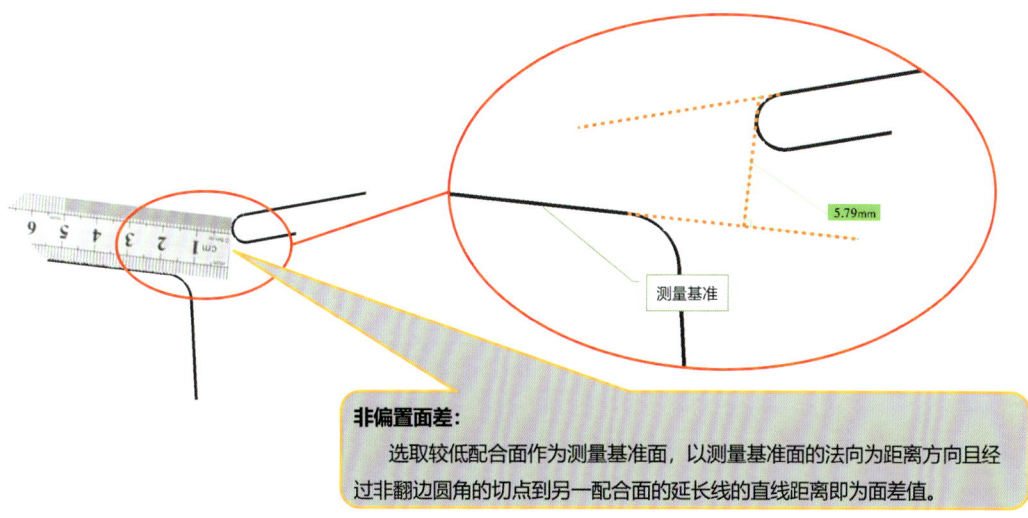

图 2-68

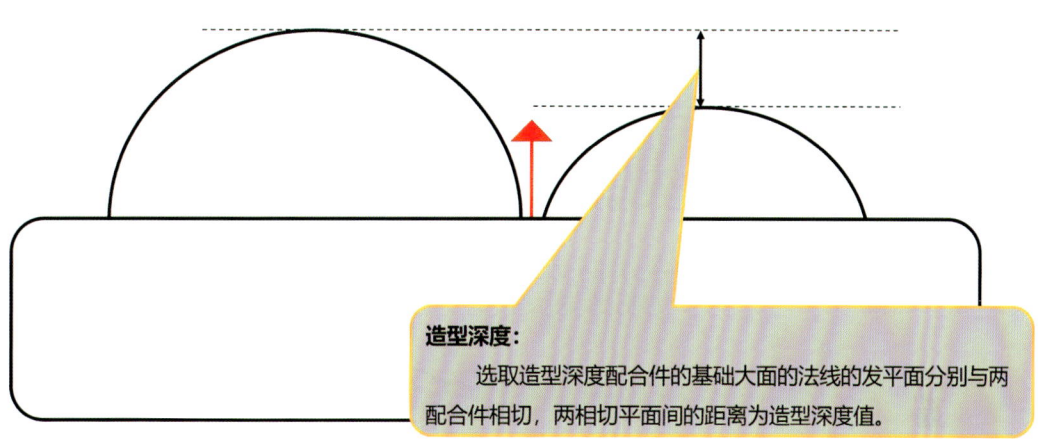

图 2-69

圆角分为边界圆角、特征圆角和端点圆角。边界圆角又叫倒圆角,指用于两个零件匹配处进行修饰或用于零件末端优化处理以及模具及结构实现性优化作用,往往存在于大面与翻边或立面之间的过渡连续曲面(见图 2-70)。特征圆角又叫大面圆角,指造型大面上用于表现设计师所需的造型风格的隆起线性特征,通常作为造型的设计语言或主要设计元素,在某种程度上也体现了设计及工艺水平(见图 2-71),大面圆角的饱满度可以用弦弧比进行表示,弦弧比 $\beta =$ 弦长 a / 弧长 A,当弦长、圆角半径一定,弦弧比随面面夹角(θ_1、θ_2)的变化而变化,面面夹角越大,弦弧比越大,阴影面积越小,特征圆角越不清晰。端点圆角,指对零部件多条边界交汇处的端点进行空间上的倒圆处理,其包含包边端点圆角和立面端点圆角,而常见的球角属于立面端点圆角的特殊情况(见图2-72)。

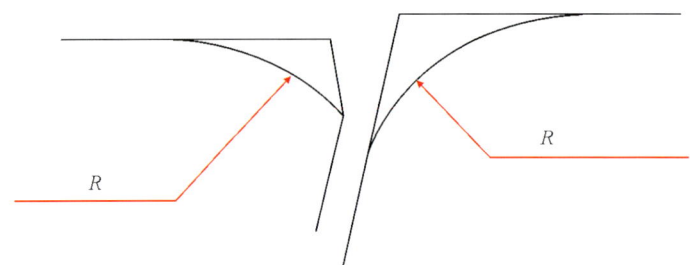

$R \geqslant 3.5\mathrm{mm}$	大圆角	乘员保护区域(法规);易触碰到区域(触感);其他(造型)	★
$1.5\mathrm{mm} \leqslant R < 3.5\mathrm{mm}$	一般圆角	无特殊要求时使用	★★★
$R < 1.5\mathrm{mm}$	小圆角	镀铬处理具有金属感;与电子零部件匹配相关零部件	★★★★★

图 2-70

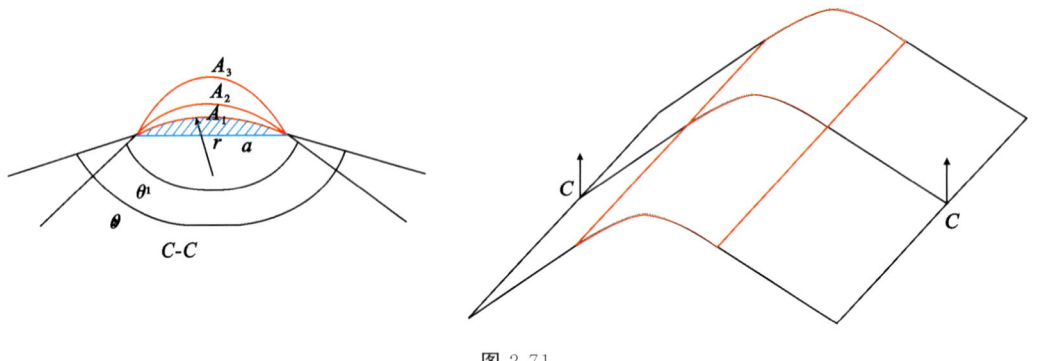

图 2-71

分类	包边圆角	立面圆角	球角
图示	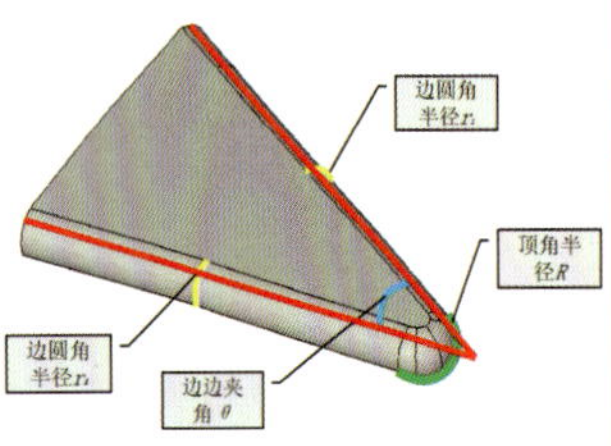	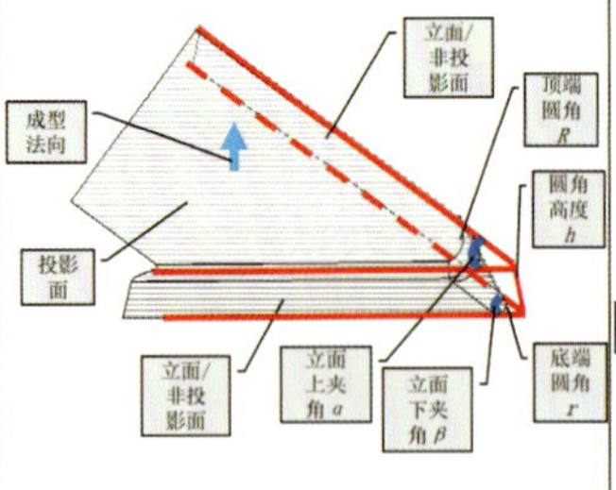	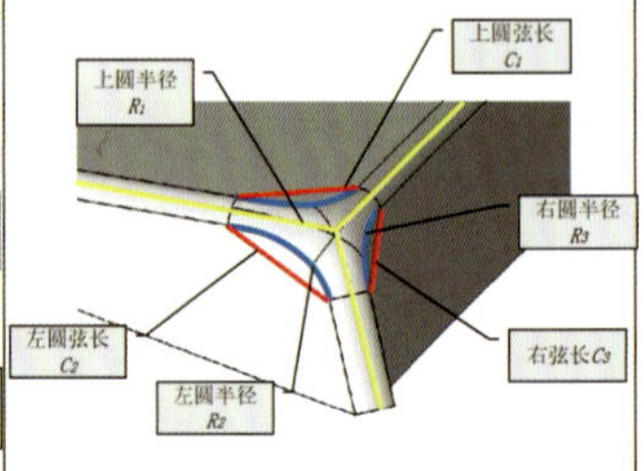
说明	端点圆角的大小受边边夹角的影响,同时也与边圆角半径相关。	具有翻边深度的端点圆角,端点圆角周围的倒圆角特征存在明确的权重划分。	特殊的立面圆角,端点球面圆角周围的倒圆角特征无明确的权重划分。

图 2-72

最小特征是一种设计风格和绝对工艺水平的体现,在精致度的影响因素中,间隙和面差最小特征的定量值直接决定着精致度水平的高低,而圆角部分属于造型设计和工程设计的结合产物,可以部分用来凸显造型的独特设计风格。对于最小特征的评估可以采用第一章中提到的定量法评估,即使用正态分布的方法进行评分,同时也可以采用直接对标的方法进行评分,即当最小特征达到对标车水平时,此时的精致度得分趋近合格,此时应在高敏感度区域进行超越(见图2-73)。当然,对于定量性评估的参数,评分永远不可能给到满分。

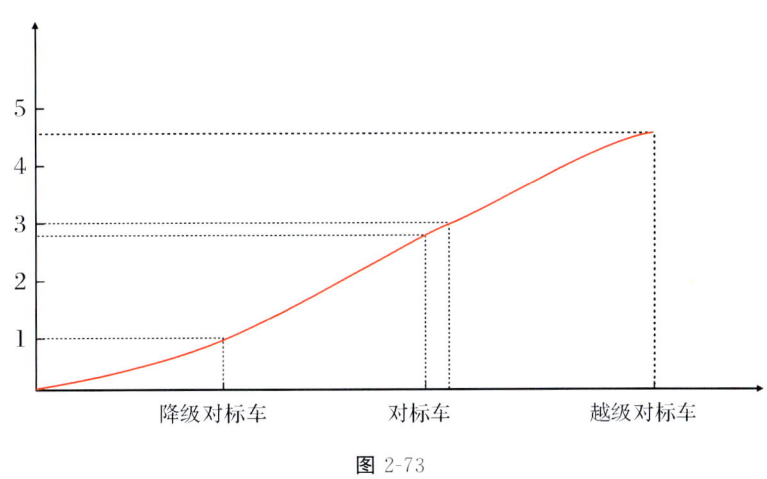

图 2-73

配合方式是一种设计技巧,这种设计技巧是基于顾客视觉可感知缺陷的强弱程度不同而决定,并非服务于工艺最佳可行性,即配合方式的评价原则是服务于客户感知需求。配合方式包含间隙配合、面差配合和圆角配合。

间隙配合按照顾客可感知的缺陷暴露程度不同分为五个绝对定性层级,按照每个层级的差别再次进行了程度的划分,形成了间隙配合评分标准(见图2-74)。5分层级指存在配合间隙,但间隙值为"0",进行了绝对美化处理;4分层级指非"0"间隙,间隙背离标准视野方向,得到隐藏,根据间隙隐藏的程度不同分为三级;3分层级指非"0"间隙,且正对标准视野方向,间隙存在遮挡,按照遮挡程度的不同分为三级;2分层级指非"0"间隙,且正对标准视野方向,无看穿问题,根据缺陷弱化的程度不同分为四级;1分层级指非"0"间隙,正对标准视野方向,存在看穿问题,根据缺陷外露的程度不同分为六级。

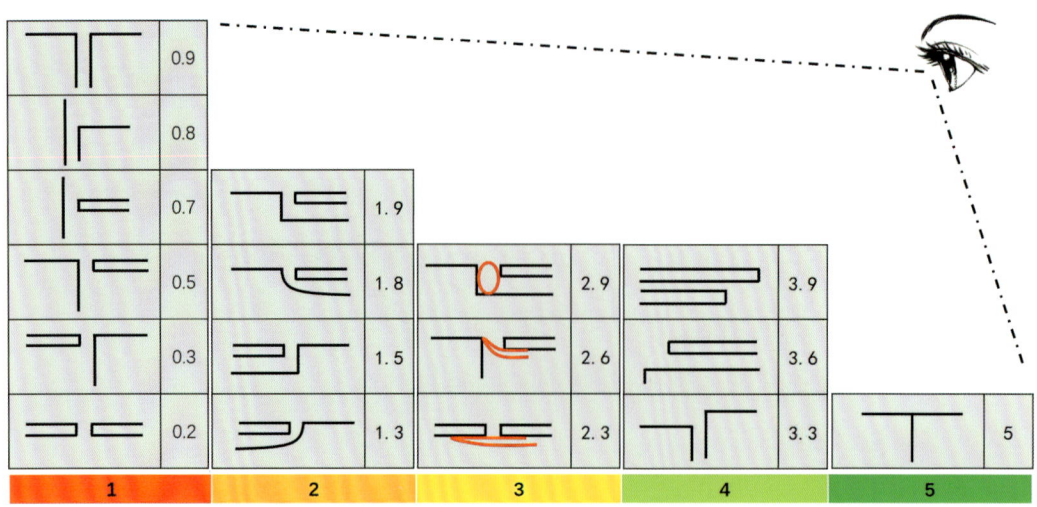

图 2-74

面差配合按照顾客可感知的缺陷暴露程度不同分为五个绝对定性层级,按照每个层级的差别再次进行了程度的划分,形成了面差评分标准(见图 2-75)。5 分层级指非常规面差,属配合的造型深度,根据缺陷美化程度的不同分为五级;4 分层级指"0"面差,根据配合缺陷隐藏的程度不同分为六级;3 分层级指非"0"面差,但面差背离标准视野方向,根据缺陷遮挡的程度不同分为六级;2 分层级指非"0"面差,且面差正对标准视野方向,但使用了"美学圆角"进行了面差视觉弱化,根据是否存在看穿问题两级;1 分层级指非"0"面差,且面差正对标准视野方向,根据缺陷外露的程度不同分为六级。

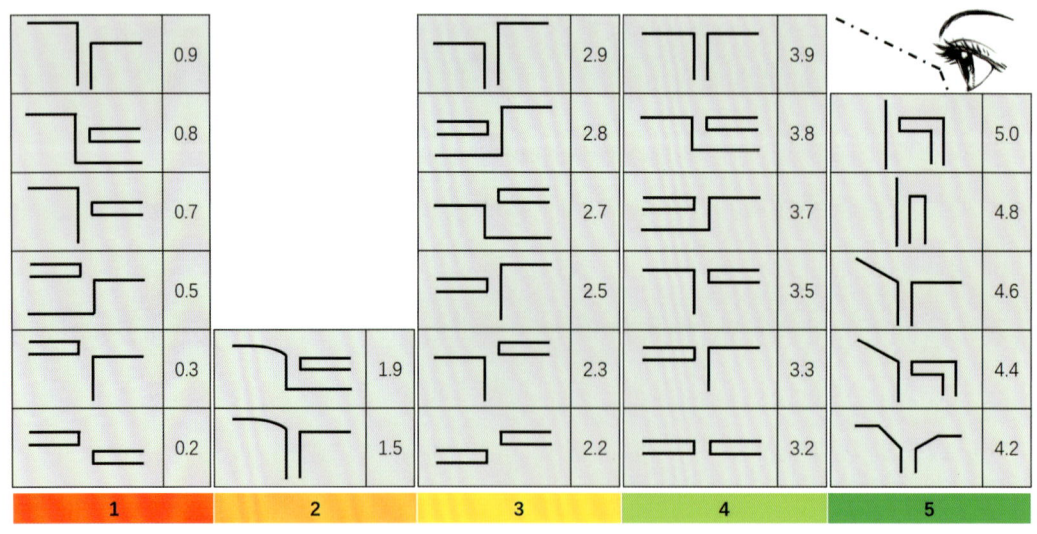

图 2-75

圆角配合按照顾客可感知的缺陷暴露程度不同分为五个绝对定性层级,按照每个层级的差别再次进行了程度的划分,形成了圆角评分标准(见图2-76)。5分层级指基础配合,2圆角配合,半边为开放区域,其圆角造成的视觉缺陷不易察觉;4分层级指"T型配合",局部区域存在多圆角配合(2圆角+1边),且为封闭区域,其圆角造成的视觉缺陷易被放大但可适当被常规间隙吸收弱化;3分层级指局部区域存在多圆角配合(3圆角配合),且局部为开放区域,其圆角造成的视觉缺陷不易察觉并且可适当被常规间隙吸收弱化;2分层级指"十字配合",局部区域存在多圆角配合(4圆角规则排布),且为封闭性区域,其圆角造成的视觉缺陷易被放大但可适当被常规间隙吸收弱化;1分层级指局部区域存在多圆角配合(3圆角+1边),且为封闭性区域;其圆角造成的视觉缺陷不规则且同等倒圆条件下最为明显,不能被常规间隙吸收弱化。

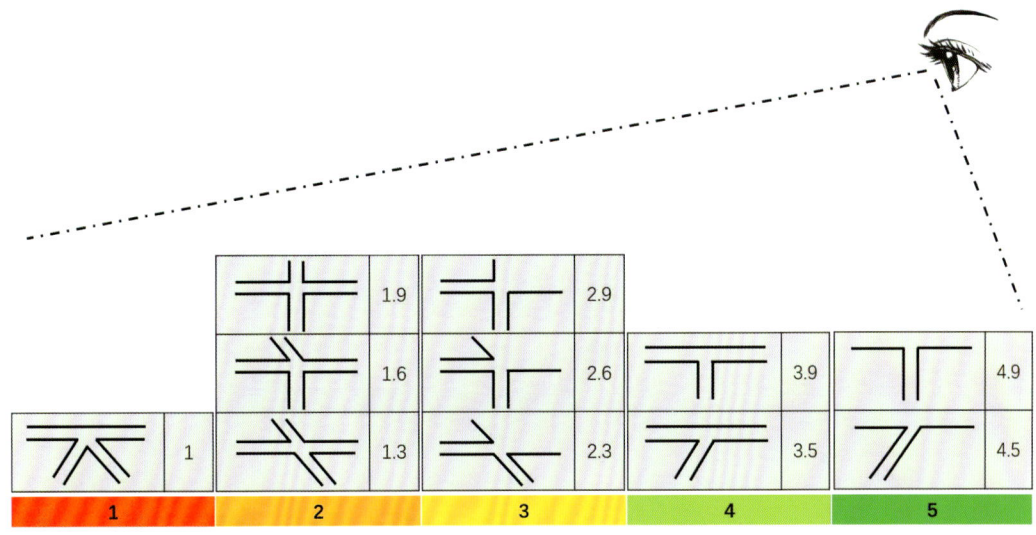

图 2-76

做工质量可以理解为数据形体的完美传递的评价,这是一种高于基础质量评价要求的、针对实物几何形体外观的精致度评价方法。评价方法主要通过目视化法,通过评审人员对设计数据的深入理解并进行虚拟现实比对,评审出不满足评审规范的做工。做工质量的评价包含对数据的点、线、面和体的评价(见图2-77)。点包含端点和交点;线包含圆角末端线和对应特征线;面包含装配件构成面;体包含特征过渡末端和圆角特征。

端点:指零部件边界线上的起点或终点。

交点:指两个零件的边界线上的交点。

圆角末端线:由零件上特征圆角根部的点(末端点)连成的线。

特征线:指零部件上圆角特征与大面之间的边界线或装配件上存在对应关系的特征线,如圆角末端线、对应特征线。

装配件构成面:指两个子零部件装配后存在对应关系(平行或相交)的边组成的面。

特征过渡末端:指大面上的特征即将消失的末端,即与大面的临界末端。

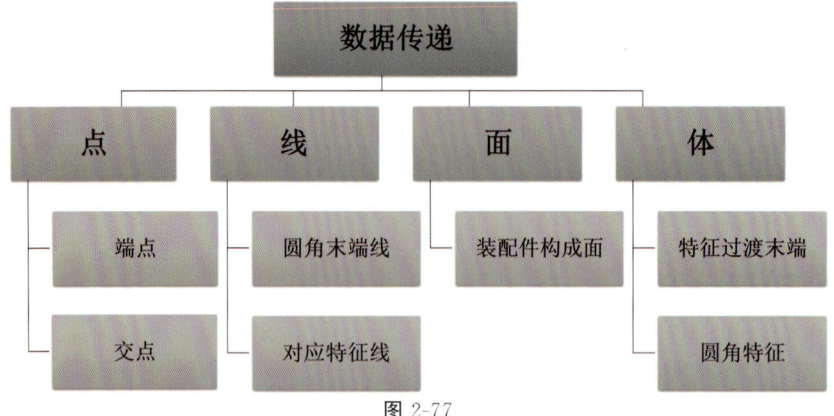

图 2-77

(1)端点评审要求:产品上端点与设计数据的相对位置应一致(见图 2-78)。

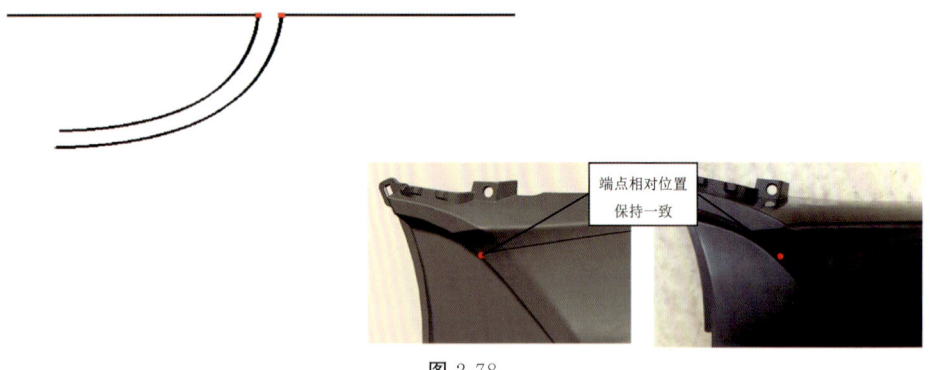

图 2-78

(2)交点评审要求:产品上交点与设计数据的相对位置应一致(见图 2-79)。

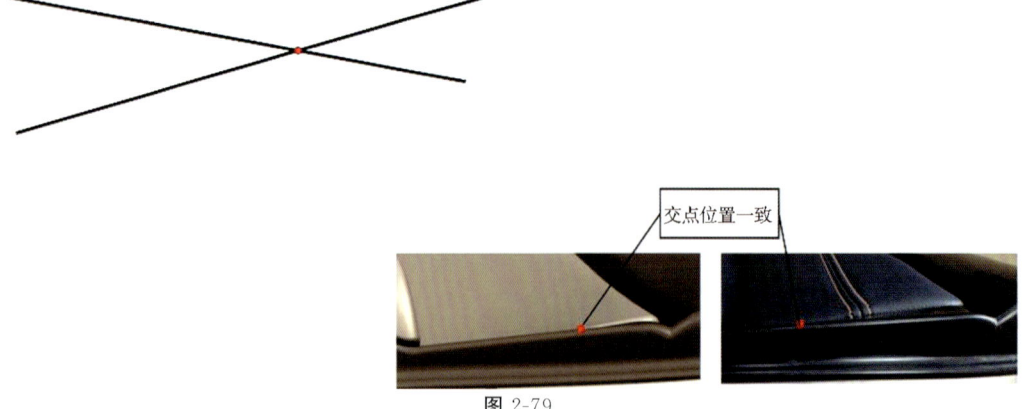

图 2-79

(3)圆角末端线评审要求:产品上圆角末端线光滑连续、两条末端线间的距离与设计数据一致(见图 2-80)。

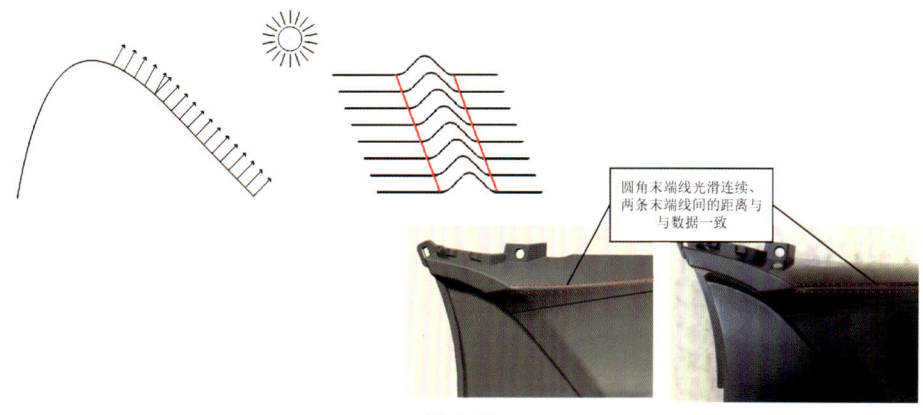

图 2-80

(4)对应特征线评审要求:产品上圆角弦长/弧长与设计数据一致(见图 2-81 和图 2-82)。间隙的评审也可以使用对应特征线原理进行实物评价。

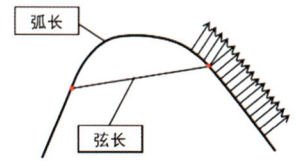

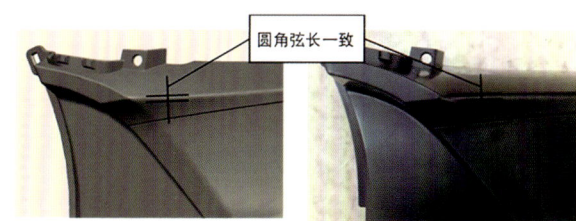

图 2-81

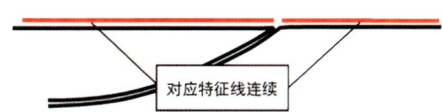

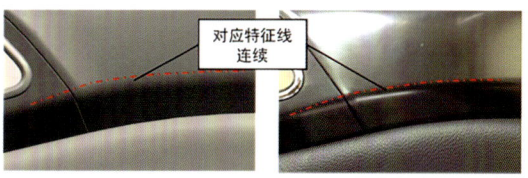

图 2-82

(5) 装配件构成面评审要求:产品上特征面(装配件构成面)形状、大小、位置与设计数据一致(见图 2-83)。

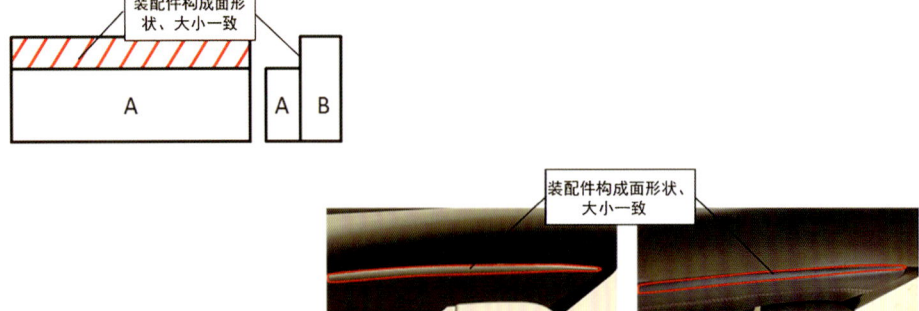

图 2-83

(6) 特征过渡末端评审要求:产品上特征过渡末端渐消位置与设计数据一致(见图 2-84)。

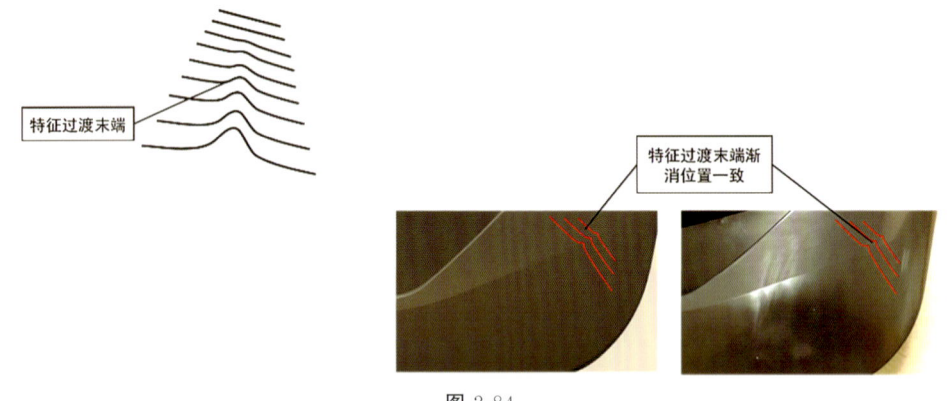

图 2-84

(7) 圆角特征评审要求:产品上圆角特征造型与设计数据一致(见图 2-85)。

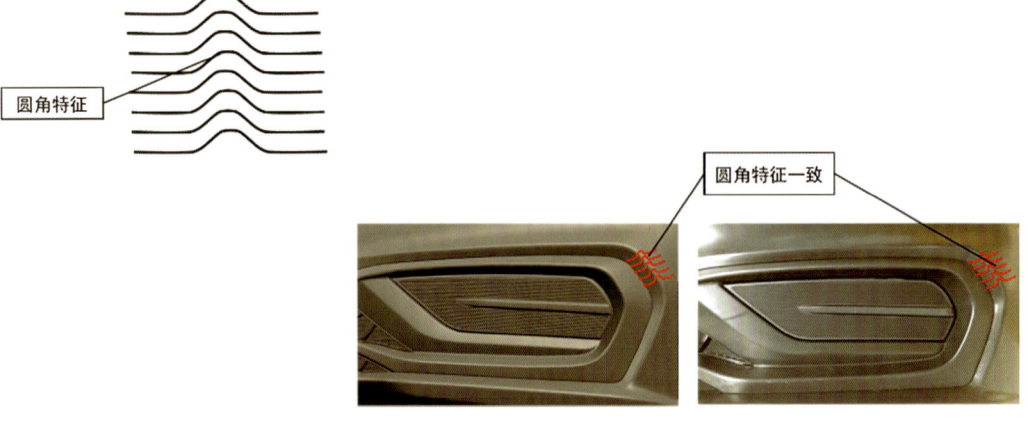

图 2-85

根据评审要求可以归纳出常规的做工质量存在的典型问题类型:

(1)特征点常规问题类型(见图2-86)。

特征	问题类型		
	名 称	图 示	注 解
点	端点错位	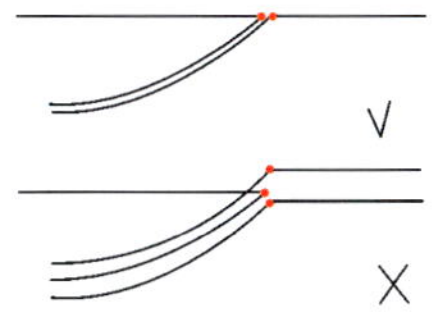	端点错位:指零部件上的标注特征端点与该零部件上其他相关特征(点、线)的相对位置较数据上的对应位置关系发生错位
	交点错位	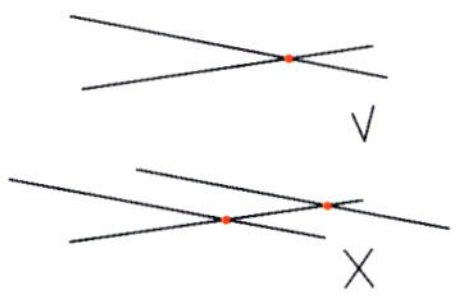	交点错位:指零部件上的标注特征交点与该零部件上其他相关特征(点、线)的相对位置较数据上的对应位置关系发生错位

图 2-86

(2)特征线常规问题类型(见图2-87~图2-90)。

特征	问题类型		
	名 称	图 示	注 解
线	对应特征线错位	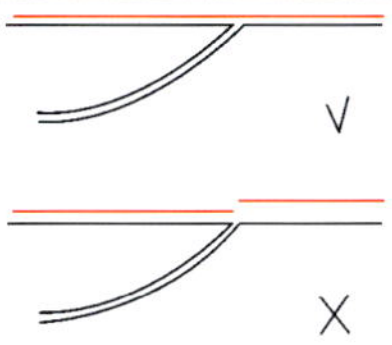	对应特征线错位:指装配件上有对应关系的对应特征线相互位置关系发生错位、偏离或聚紧
	边界特征线异常	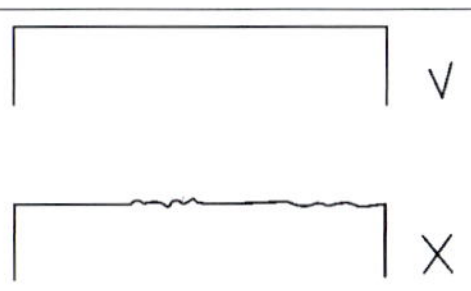	边界特征线异常:指单体零件的边界特征轮廓与数据相比发生变异,通常为由平滑变粗糙

图 2-87

特征	问题类型		
	名 称	图 示	注 解
线	圆角末端线扭曲	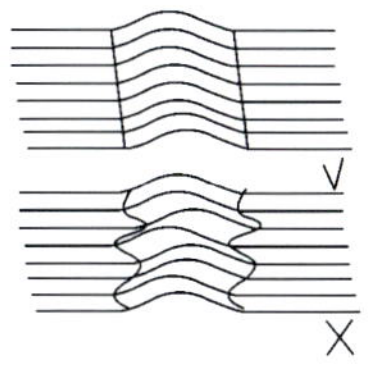	圆角末端线扭曲:指零部件上特征圆角末端的特征线没有形成一条光滑的直线或曲线,存在扭曲状态
	圆角弦长不一致	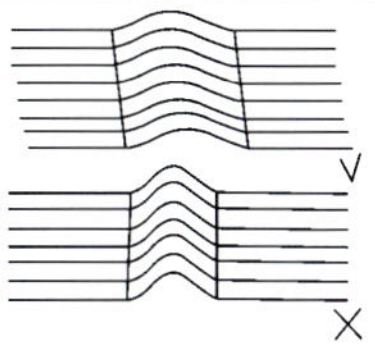	圆角弦长不一致:指零部件上特征圆角的弦长与数据上对应特征圆角弦长不一致,均匀变大或变小

图 2-88

特征	问题类型		
	名称	图示	注解
线	A型间隙	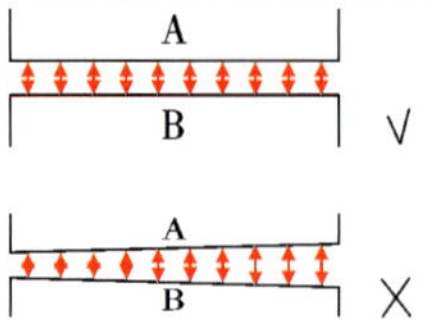 ✓ ✗	A型间隙:指装配件上的两个子零部件所形成的间隙不均匀,前小后大,类似"A"型
	V型间隙	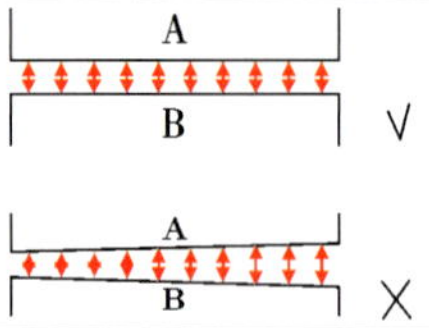 ✓ ✗	V型间隙:指装配件上的两个子零部件所形成的间隙不均匀,前大后小,类似"V"型

图 2-89

特征	问题类型		
	名称	图示	注解
线	间隙偏大	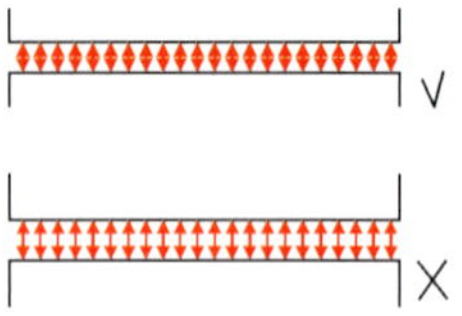 ✓ ✗	间隙偏大:指装配件上的两个子零部件所形成的间隙与数据上的均匀间隙不同,所形成的间隙较数据均匀增大
	间隙偏小	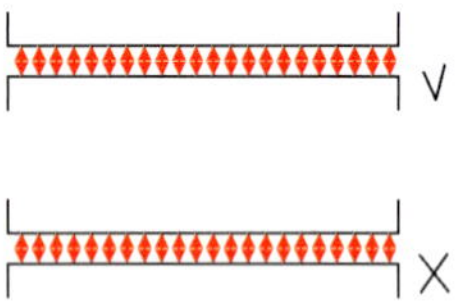 ✓ ✗	间隙偏小:指装配件上的两个子零部件所形成的间隙与数据上的均匀间隙不同,所形成的间隙较数据均匀减小

图 2-90

(3)特征面常规问题类型(见图 2-91、图 2-92)。

特征	问题类型		
	名称	图示	注解
面	V型面差	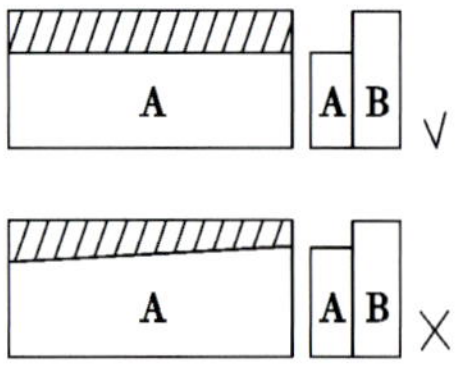 ✓ ✗	V型面差:指装配件上的两个子零部件所形成的面差与数据上的均匀面差不同,所形成的面差不均匀,前大后小,类似"V"型
	A型面差	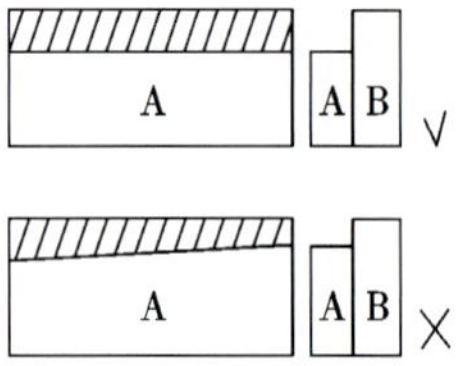 ✓ ✗	A型面差:指装配件上的两个子零部件所形成的面差与数据上的均匀面差不同,所形成的面差不均匀,前小后大,类似"A"型

图 2-91

特征	问题类型		
	名 称	图 示	注 解
面	面差偏小	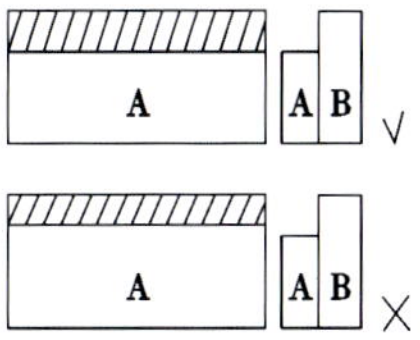	面差偏小：指装配配件上的两个子零部件所形成的面差与数据上的均匀面差不同，所形成的面差较数据均匀减小
	面差偏大	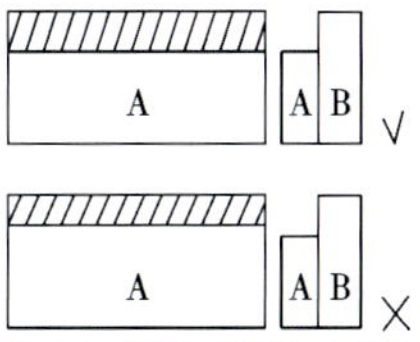	面差偏大：指装配配件上的两个子零部件所形成的面差与数据上的均匀面差不同，所形成的面差较数据均匀增大

图 2-92

(4)特征体常规问题类型(见图 2-93、图 2-94)。

特征	问题类型		
	名 称	图 示	注 解
体	圆角特征扁平	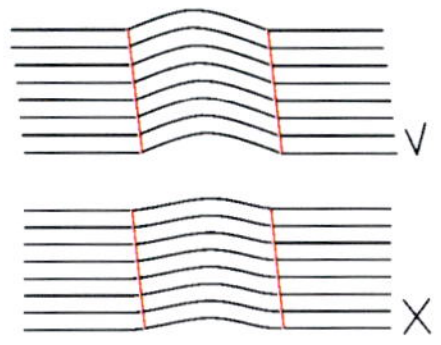	圆角特征扁平：指零部件上的特征较数据上的特征更加扁平，立体感变差
	圆角特征突出	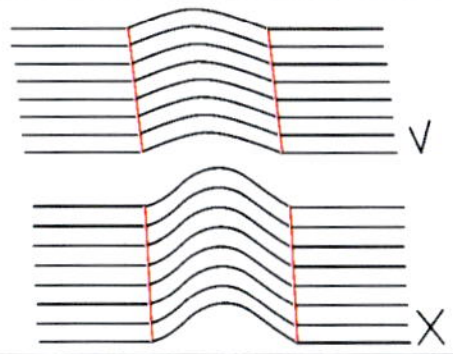	圆角特征突出：指零部件上的特征较数据上的特征更加突出，立体感太强

图 2-93

特征	问题类型		
	名 称	图 示	注 解
体	特征过渡末端不足	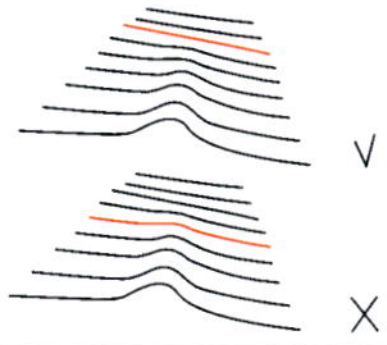	特征过渡末端不足：指零部件上的特征较数据上的特征渐消过早，特征延续性不够
	特征过渡末端突出	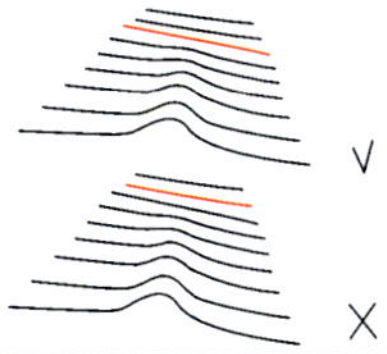	特征过渡末端突出：指零部件上的特征较数据上的特征渐消过晚，特征延续性太长

图 2-94

3. 次级表面

次级表面，指整车上除 A 级面以外的顾客可直接或间接通过视觉感知到的区域，按照这些区域的性质和顾客获取这些区域外观信息的方式不同，次级表面分为二级表面、三级表面和 A 级面透视区域。

二级表面指整车上顾客使用频次较高的常规开闭件的重叠覆盖区域（见图 2-95），二级表面区域由工程设计，具备一定的功能性作用，如密封、排水、缓冲等。这些区域包括：①前舱区域；②门框区域；③加油口（充电口）区域；④后备箱流水槽区域；⑤门密封面区域；⑥窗框区域；⑦发动机罩内表面区域；⑧加油口（充电口）盖区域；⑨后备箱盖内表面区域。

三级表面指位于整车上敏感度较低的外观表面区域，顾客在行为反应区内需要弯腰、下蹲才可间接观察到的区域，如轮罩内衬，裙板底部、轮内卡钳区域等。

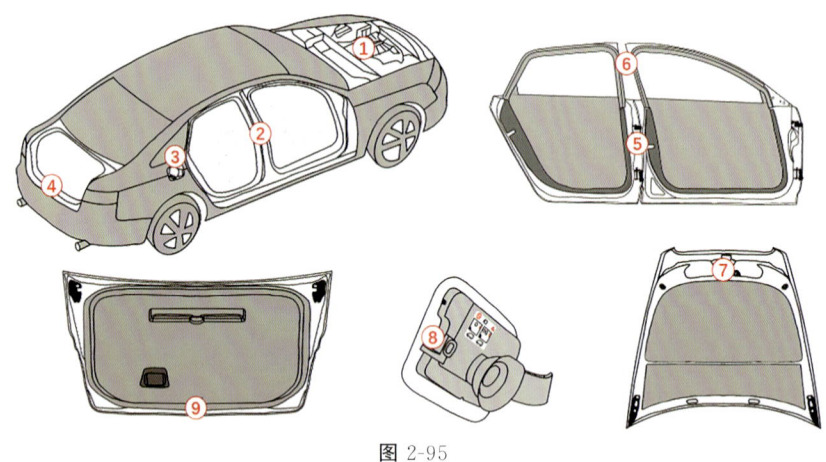

图 2-95

A 级面透视区域指透过造型 A 面上的分缝的间隙观察到的内部可视区域，也就是我们常说的看穿区域（见图 2-96）。图中序号所标注的是车身侧面常规存在的一些 A 级面透视区域，通常这些表面分缝的间隙满足≥2mm，用户便可轻易观察到透视区内部。

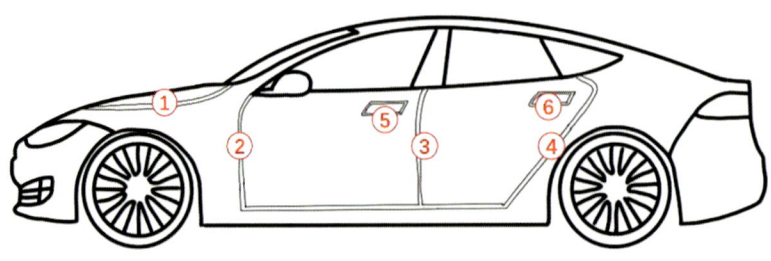

图 2-96

次级表面感知设计原则：使工艺外观造型化，次级 A 级呼应化，将顾客不易察觉的区域以高标准进行设计和制造，呈现出不一样的工艺美，从而引发顾客的反思反应，增强对产品和品牌的品质认知。

次级表面的评审核心理念是次级表面区域和次级表面区域对应的工艺元素结合的评估产物，这些次级表面的工艺元素不仅是工艺水平的体现，更是产品设计对于内在细节美的体现，原则上我们将次级表面上存在的工艺元素均视为外观缺陷。因此，对于次级表面的外观设计和评价的基础法则便是对工艺元素的美化、遮盖、规避和隐藏。这里的美化指对于次级表面上的工艺元素外观进行形体上的造型化和外观装饰上的高价值化；遮盖即使用造型装饰件进行覆盖遮蔽，使原本外露的工艺元素不显现；规避指通过合理的结构设计或新工艺的实施从而实现对工艺元素的减少甚至消除；隐藏指将工艺元素从原本顾客可直视的高关注区通过位置移动到顾客的视野盲区。

二级表面和三级表面的基础工艺元素包含：①装饰件；②外观装饰件次级面；③冲压特征；④钣金包边和涂胶；⑤密封件；⑥紧固件；⑦焊点和焊缝；⑧孔洞；⑨连接件（铰链/线束/限位器）；⑩接触件（缓冲块/锁体/锁扣）；⑪支撑件（撑杆/气弹簧）。

（1）装饰件的评价以装饰件的覆盖区域占整个二级表面或三级表面的比值以及装饰件自身的装饰价值综合因素作为评价标准。如车门窗框（见图 2-97）和车门门板（见图 2-98）。二级表面区域的装饰类型分别为窗框全装饰、窗框半装饰和车门投影面全装饰、车门投影面半装饰、车门非投影面全装饰。全装饰指对应二级表面区域的装饰件覆盖区域完全，半装饰指对应二级表面区域的装饰件覆盖区域不完全，为局部覆盖。车门投影面指开门后车门上正对客户视野的二级表面，即冲压的非拉伸面；车门非投影面指开门后车门上与投影面相连接的立面，即冲压的拉伸面。

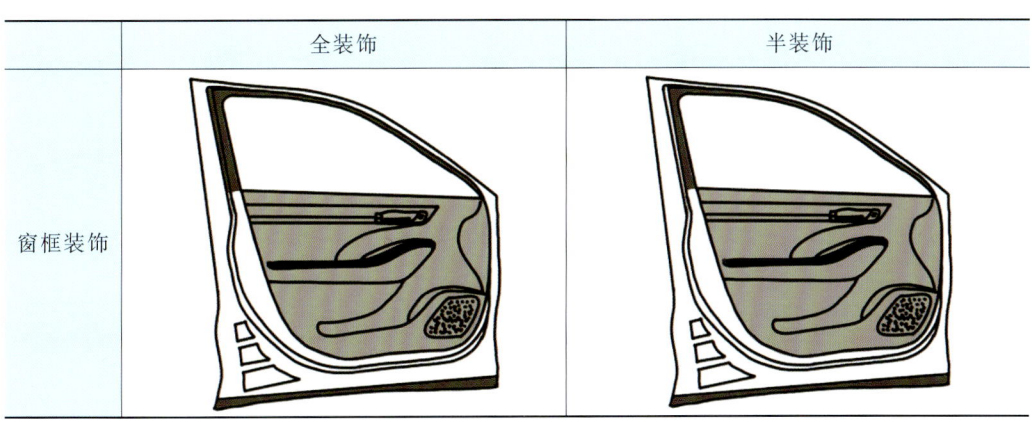

图 2-97

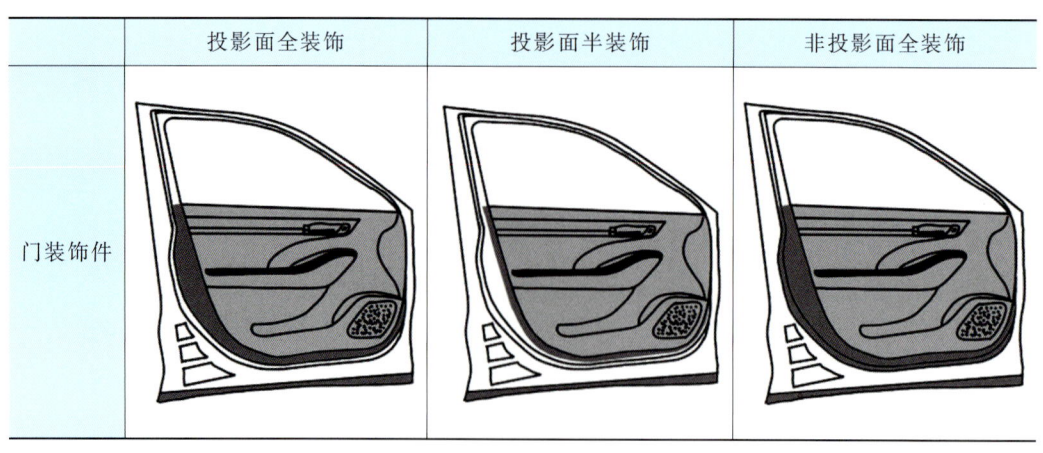

图 2-98

(2)外观装饰件次级面的评价标准即外观装饰件内特征要符合设计和谐原则,与被安装的钣金件产生相互协调匹配的关系(见图 2-99)。这里所说的外观装饰件次级面指 A 面上存在的设计装饰件裸露在二级表面上的结构部分。

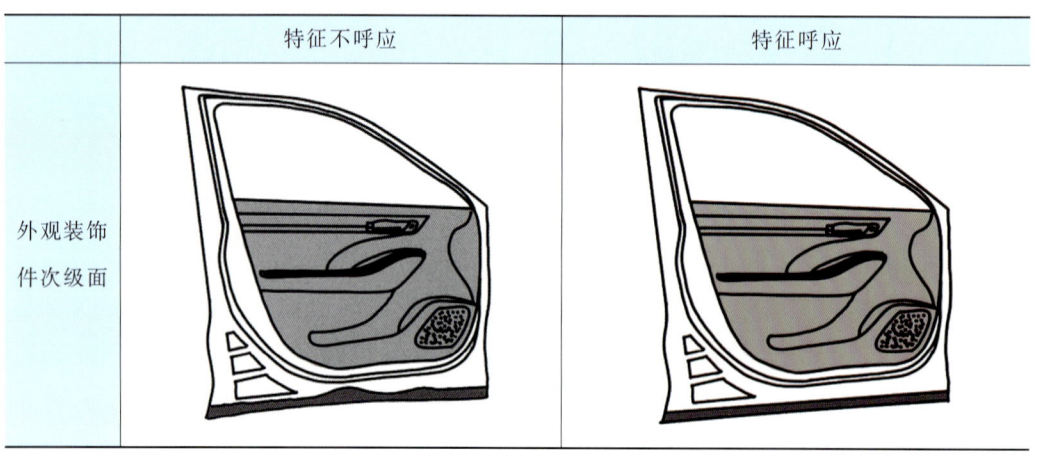

图 2-99

(3)冲压特征的评审分为边界特征和平面特征两部分。边界特征指与密封面边界存在呼应关系的周边特征,也是冲压工艺水平的绝对体现。边界特征的评审要求包含冲压台阶数和特征的连续完整性(见图 2-100),按照次级面的评审原则,边界特征的台阶数(冲压级数)应尽可能减少,数量应不超过 3 级,1 级为最佳水平。特征的连续完整性即要符合完整特征的连续性,完整特征指边界特征相互呈现套环关系,无中断问题。平面特征是在冲压大面上增加的局部凹陷或凸起特征,用来增加大面强度或避免拉伸过渡问题。平面特征的评审要求即符合设计和谐原则(见图 2-101)。

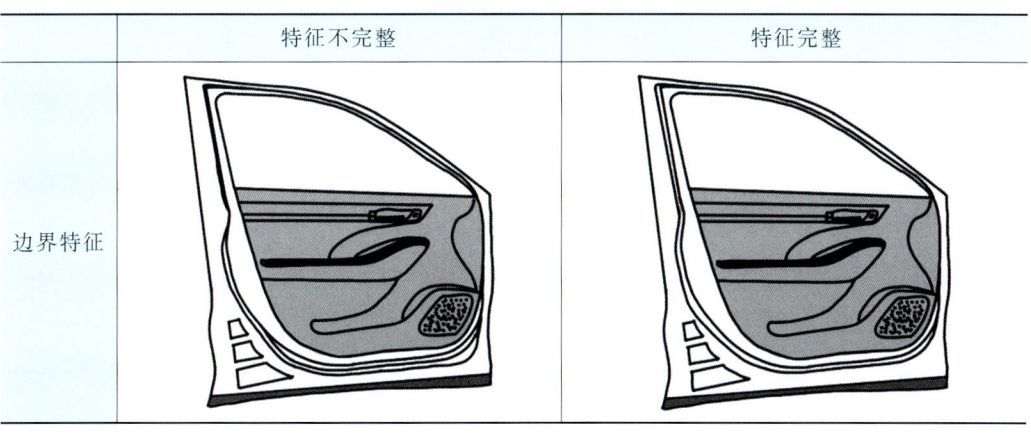

图 2-100

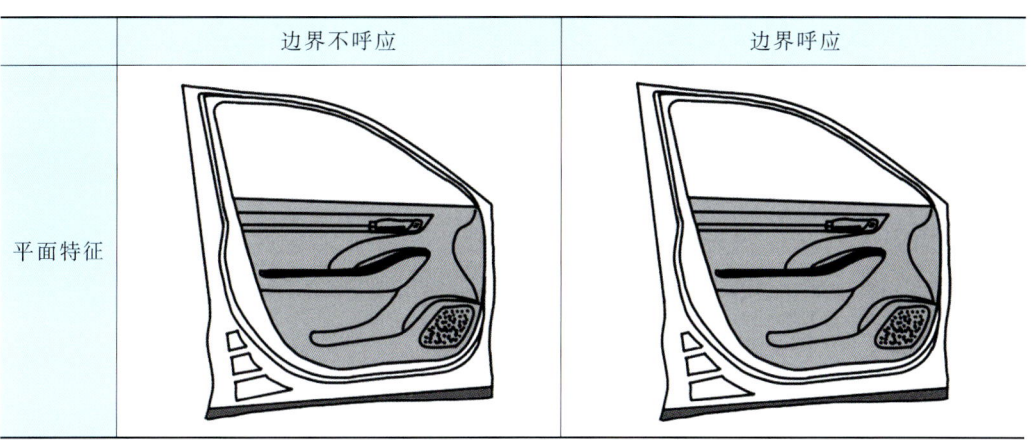

图 2-101

(4)钣金包边评审标准见图 2-102。

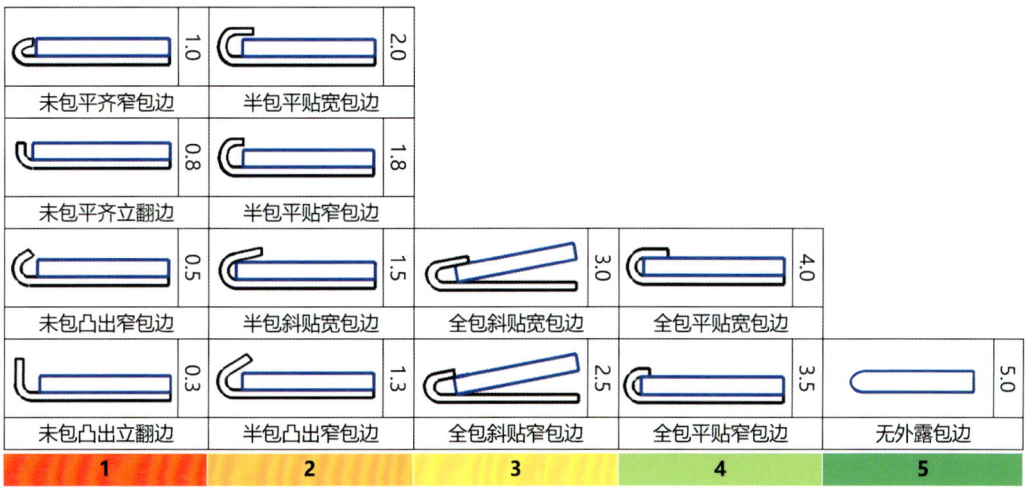

图 2-102

(5) 钣金涂胶评审标准见图 2-103。

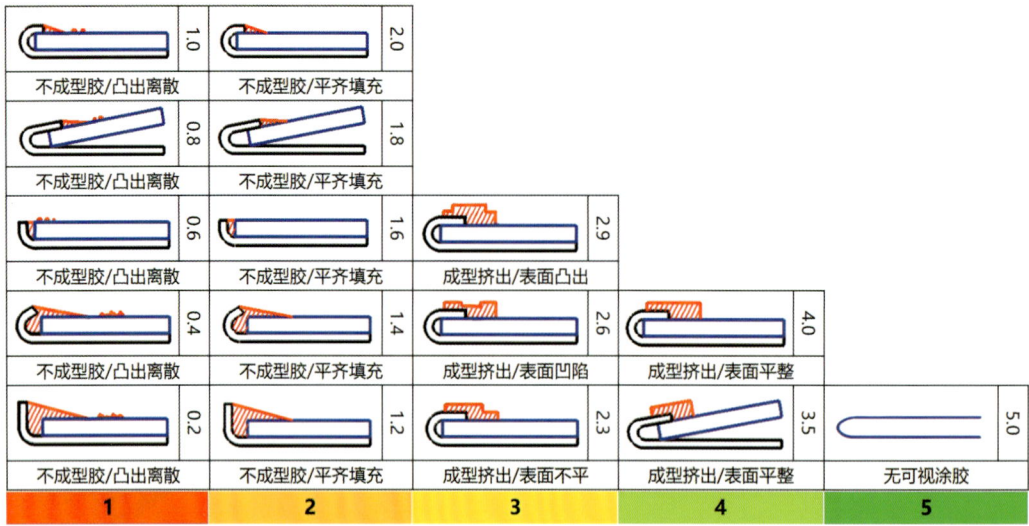

图 2-103

(6) 密封件挤出条评审标准见图 2-104。

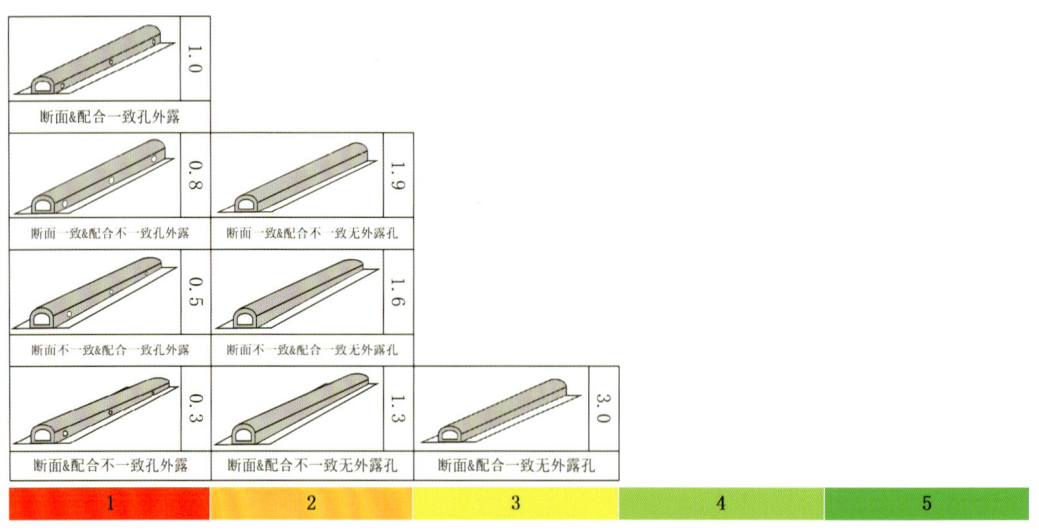

图 2-104

(7)密封件注塑部分评审标准见图2-105。

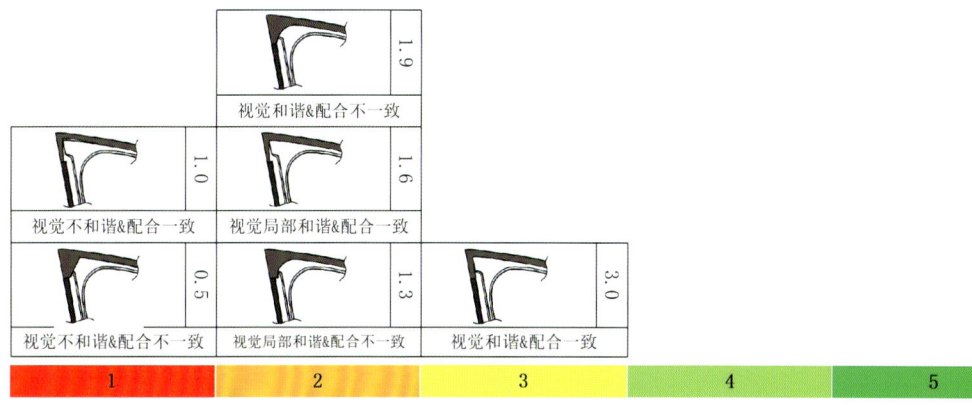

图 2-105

(8)紧固件评审标准见图2-106。

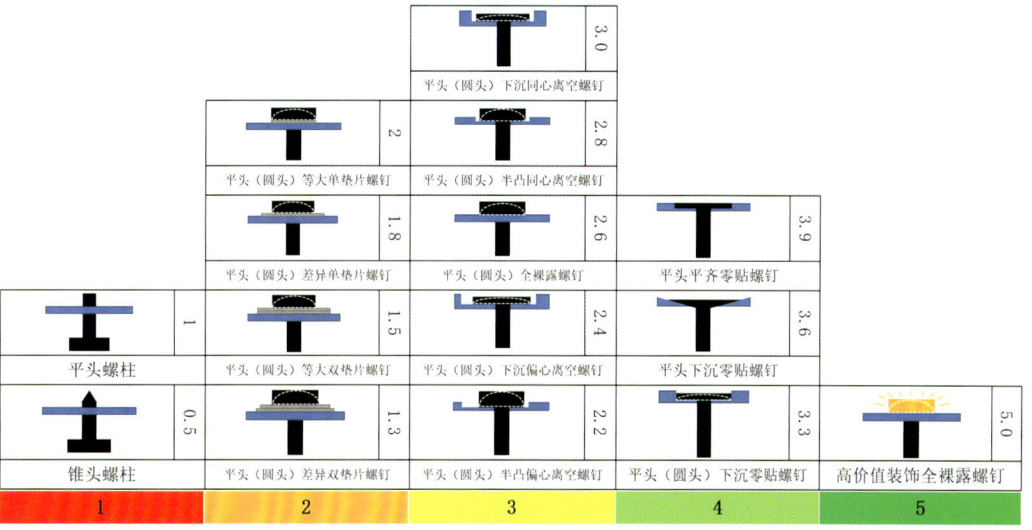

图 2-106

(9)焊点评审标准见图2-107。

完整外凸型焊点 1.0	完整内凹型焊点 2.0	完整显性焊点 3.0	完整隐性焊点 4.0	
不完整外凸型焊点 0.5	不完整内凹型焊点 1.5	不完整显性焊点 2.5	不完整隐性焊点 3.5	无外露焊点 5.0
1	2	3	4	5

图 2-107

(10) 焊缝评审标准见图 2-108。

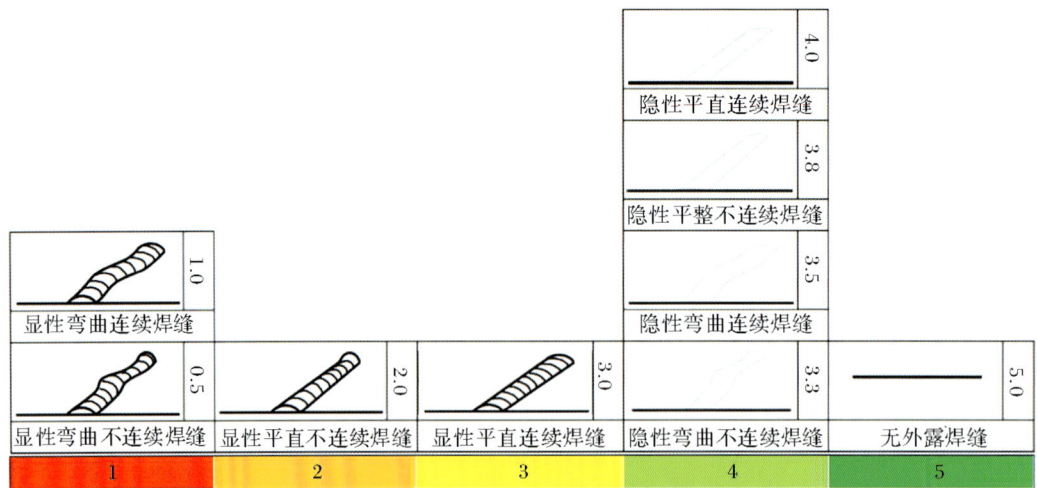

图 2-108

(11) 孔洞评审标准见图 2-109。

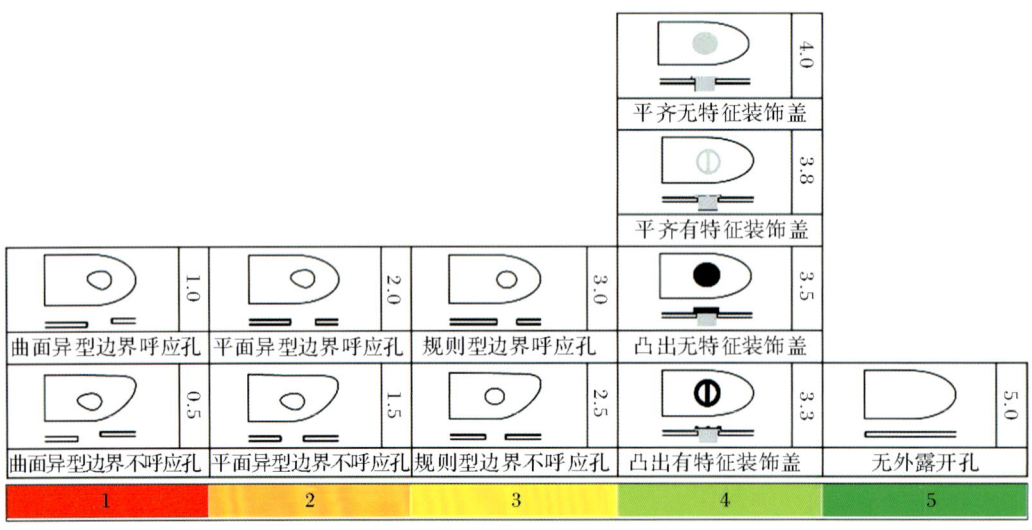

图 2-109

(12) 连接件、接触件和支撑件多为选型件，因此，对于这三个元素的评价我们遵循次级面评审原则和设计和谐原则即可。

A 级面透视区域评价内容即透过 A 面分缝间隙可观察到的内部区域，按照前面对分缝的定义为一种视觉缺陷，因此，对于 A 级面透视区域的评价标准依次按照遮挡、无遮挡和多余缺陷外露三种程度定义为：透视区域遮挡、透视区域中空和透视区域元素（见图 2-110）。

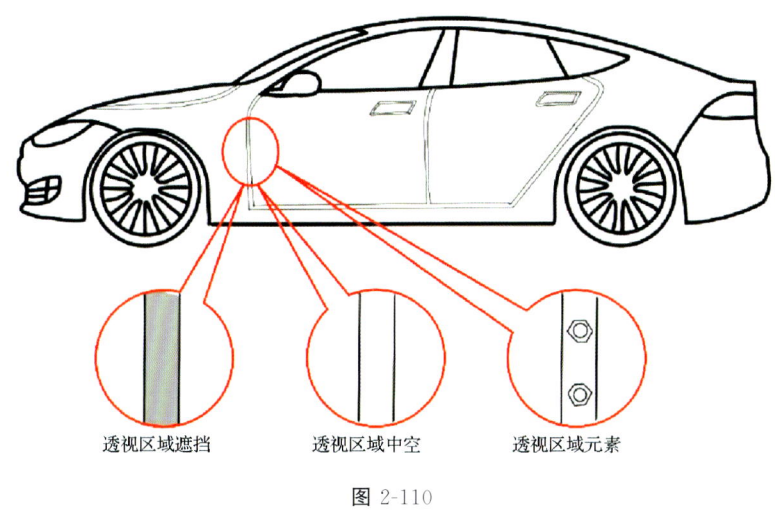

图 2-110

4. 灯光品质

灯光品质的评审指基于工程因素约束的前提下对于整车所有发光灯具在点亮状态和非点亮状态下所表现的外观品质的评审，这里强调的工程因素的约束指的是非造型设计元素，仅针对工程结构和实现过程产生的外在表象。灯光品质非点亮状态的评审主要包括工程分缝、精致度和装饰和谐三个维度，即将非点亮状态下的灯作为独立的产品，对其非造型部分的几何形体和外观装饰进行评价，因此，评估方法和标准可参考上文相关部分内容。这里，主要阐述针对点亮状态下的灯具进行评价的方法和标准。以前大灯为例，我们将点亮状态下的灯具分为四个评审区，分别是发光区、透光区、反光区和漏光区（见图 2-111）。发光区指灯具内的发光元件区域，即产生光源的核心区域。按照产生光源的机理分为直接发光区和间接发光区，直接发光区如卤素灯泡区域，间接发光区如 LED 反光片或光导区域；透光区指光线从发光区射出后需要穿透的区域，如厚壁件、灯罩；反光区指光线从发光区射出后经过反射而产生光亮的区域，按照反射的意图分为设计反光和非设计反光，设计反光如卤素灯泡周围的反光罩，非设计反光如灯具内的高亮装饰件；漏光区指因结构设计或制造等原因产生的光线外泄的区域，按照区域的位置不同将漏光区分为单元内漏光区和单元外漏光区，单元内漏光区指漏光产生在灯具内部，单元外漏光区指漏光产生在灯具与周边环境件配合的间隙区域。

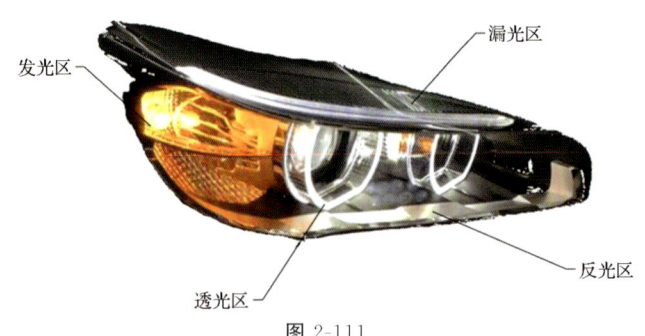

图 2-111

灯光评审依托于上文划分的四个评审区,即发光区、透光区、反光区和漏光区。灯光评审评价标准见图 2-112,灯光评审是四个评审区综合表现得到的结果,即任一评审区符合评审要求便可达到合格水平,不符合评审要求则按缺陷表露的程度不同给予失望或绝望的水准。

灯光评审标准			
发光区	造型部分	符合装饰和谐原则	+
	功能部分	符合照度要求	+
透光区	大面透光		+
	特征透光	单一特征/多特征	−/−−
反光区	设计反光	亮度不大于发光区	+
	非设计反光	消除/亮度低于发光区	+/−
漏光区	单元内漏光	临近发光区/远离发光区	−/−−
	单元外漏光	单点漏光/多点漏光	−/−−

图 2-112

(1)反光区的评审要求见图 2-113,这里说明了非设计反光区的评价要求,即非设计反光区的亮度水平应低于发光区和设计反光区,因此,区分设计反光区和非设计反光区便是评价前的必备工作,而对于反光区的外观装饰效果的定义很大程度上决定了反光区缺陷的暴露程度,同时,结构上的巧妙设计也可规避这一问题的发生。

	亮度<发光区/设计反光区	亮度>发光区/设计反光区
非设计反光区	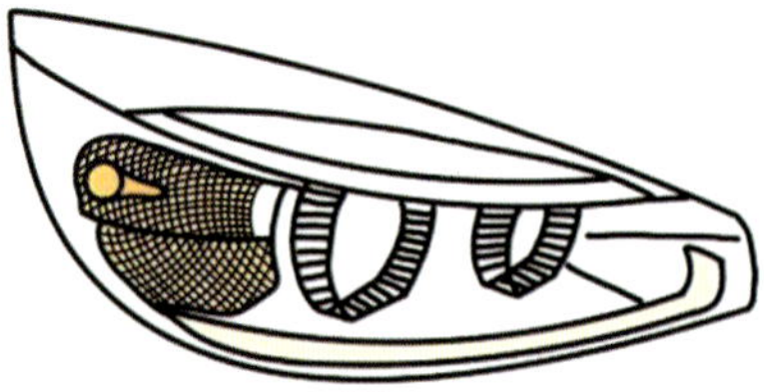	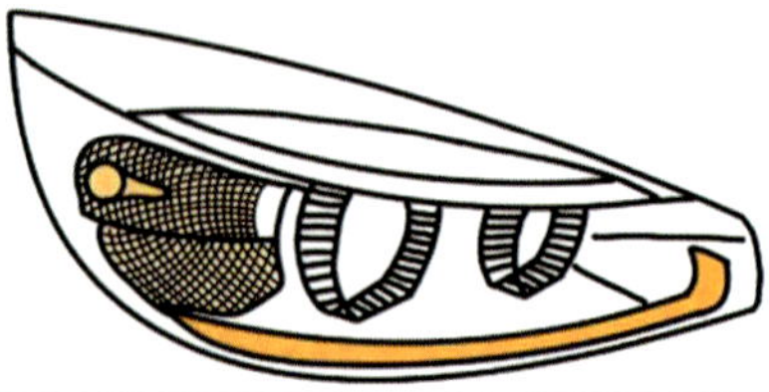

图 2-113

（2）透光区的评审要求见图 2-114，透光区的评审要求即光线射出透过灯罩的部分应符合简单大面原理，非必要不在灯罩上增加任何特征，避免透光特征效应将整个灯光的外观效果破坏，从而影响灯光设计的造型效果。

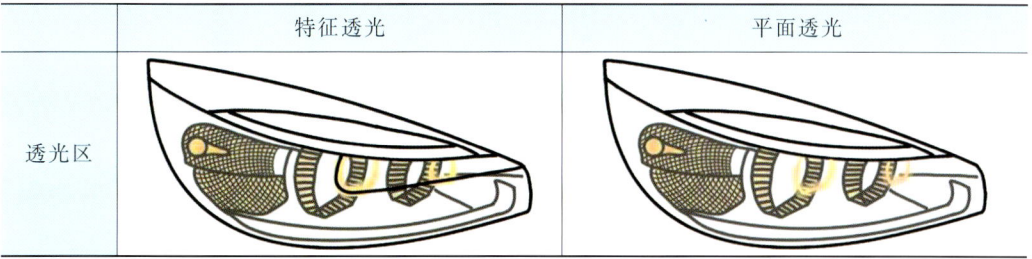

图 2-114

（3）漏光区评审要求见图 2-115，原则上应避免任一区的漏光问题，由于光线的发散效应往往漏光不可避免，因此，对于漏光区的评审要求即单元内漏光优于单元外漏光。

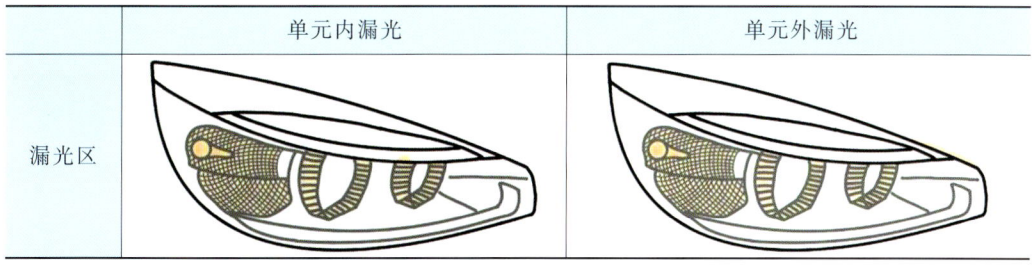

图 2-115

三、嗅觉品质

嗅觉品质的感知评审内容指客户用嗅觉可以感受到的气味所造成的客户的情绪和生理的反应，气味指物体本身散发的味道，这种物体本身散发出的味道可以直接影响顾客使用时的生理和心理的变化，良性的气味可以使顾客身心愉悦，增强购买欲；恶性气味会让客户产生对产品品质的抱怨。气味评审的三要素包含：气味类型、气味强度和感知时间（见图 2-116）。基于顾客行为心理学的感知质量体系将嗅觉品质感知到的气味类型按照气味产生的根源分为五种定性型，分别是自然界气味、半自然界气味、无气味、半工业化气味和工业化气味。自然界气味指直接从自然界中获取的仅存在简单的物理加工的材质所散发的气味，如实木；半自然界气味指从自然界中获取的需要深层的物理加工的材质所散发的气味，如天然橡胶、真皮等；无气味指产品材质本身物理状态稳定，在常规环境下不会散发出任何气味或材质经过特征处理消除了原本散发的气味,顾客无法感知到气味存在,如金属、钻石等;半工业化气味指原材质经过了部分化学变化和物理变化但不含有任何额外带气味的添加剂成分所形成的产品所散发的气味,如织物、天然橡胶等;工业化气味指完全由化工制品形成的产品所散发的带有强烈化学添加剂味道的气味,如塑料类、胶水和油漆等。自然界气味和半自然界气味规定为良性气味,工业化和半工业化气味规定为恶性气味。

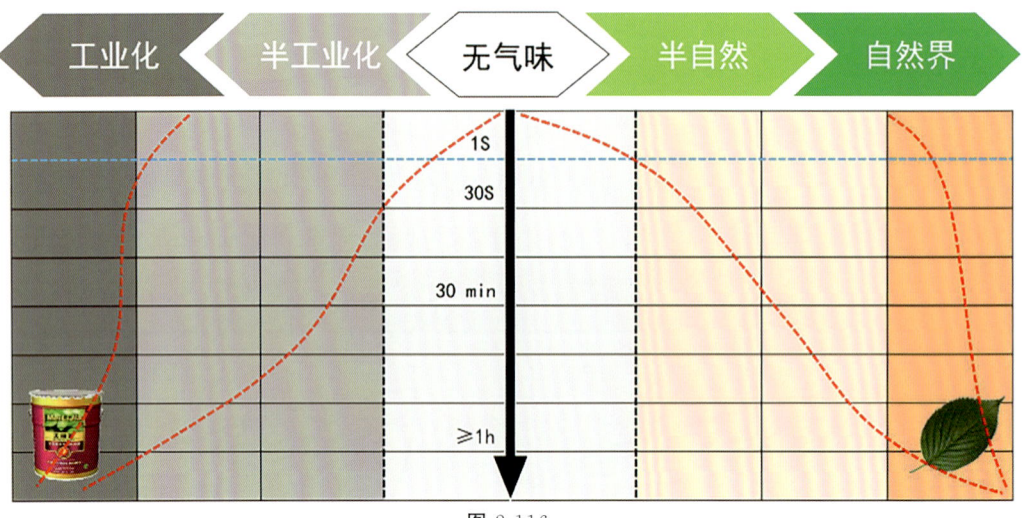

图 2-116

整车内常规的气味类型对应的材质分类见图 2-117。嗅觉品质的气味类型评审可采用比对法,即将车内的气味第一时间与不同材质的气味类型进行比对,用最为接近的材质气味类型作为车内气味类型的定义。这里说明,车内气味是多种复杂气味的混合体,对于气味类型的定义规定优先定义气味浓度最为强烈的一类,这一类对车内气味类型共享最大。

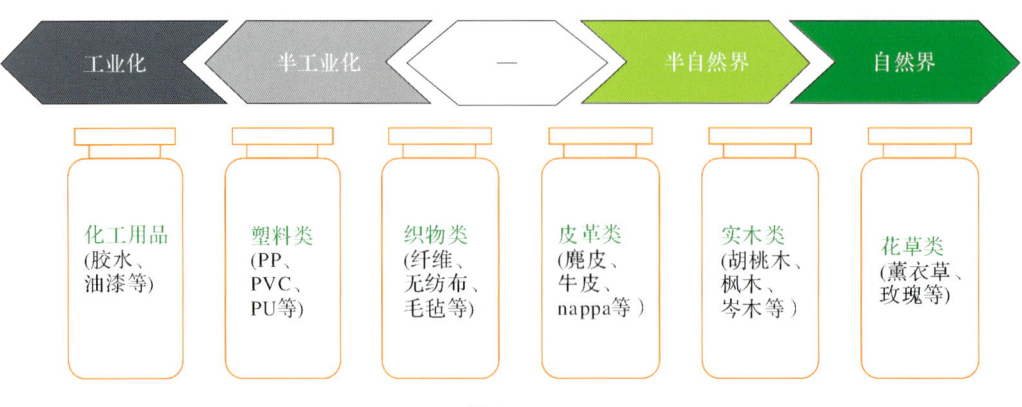

图 2-117

嗅觉品质的气味强度评审是以评审者的情绪和生理反应作为评判标准（见图2-118），气味强度的分级按照造成客户不同的情绪和生理反应分为五个等级，分别为兴奋、愉悦、无感、反感和抱怨。同时气味强度评审依托于客户对气味的感知时间，即感知阈值时间和感知持续时间。感知阈值时间指客户从开始进行体验到恰好感受到气味类型的时间值，当气味类型为良性气味时，感知阈值时间越短越有利于增强客户对产品的第一印象的加分，相反，当气味类型为恶性气味时，感知阈值的时间越短则越不利于客户对产品的第一印象评价。决定第一印象的感知阈值时间通常为1秒。持续时间，指客户持续能感知到气味类型的时长。持续时间与客户对恶性气味的忍受度密切相关，基于顾客使用场景的不同，气味感知持续时间忍受度等级分为30s、30min和1h以上，持续时间越久、所需忍耐度等级越高，相应的气味评审得分越低。

图 2-118

嗅觉品质气味感知评价场景分为高温环境和常温环境。高温环境指将整车锁车状态放置在40℃的环境下进行暴晒6~8h以上，之后按照标准流程进行评审，模拟室外高温停车场静置状态下客户用车的场景。常温环境评审指需要将整车锁车状态下放置在常温环境下静置12h以上，之后按照标准流程进行评审，模拟日常客户使用场景。

四、操作品质

操作品质指用户在使用车上活动性功能件的整个过程所感知到的品质特性，这种品质特性包含便利性、声品质和触感三个维度。活动性功能件，简称活动件，指具有某种特定人车交互功能的机械物理总成件，按照是否由客户肢体部位直接参与操作过程而产生动作将其分为主动性活动件和被动性活动件；主动性活动件指需要客户身体部位直接接触才能操作的活动件，如玻璃升降按钮开关、车门、方向盘、出风口拨钮等；被动性活动件指因主动性活动件动作而关联产生动作的活动件，如雨刮、车窗玻璃、电动后视镜、电动尾门、电动座椅等。

操作品质的评价原则即要满足用户使用友好性原则,减少因操作过程造成客户过多能量的输出,同时,符合最佳人体工程学(见图 2-119)、人体体感舒适性和听觉舒适性。

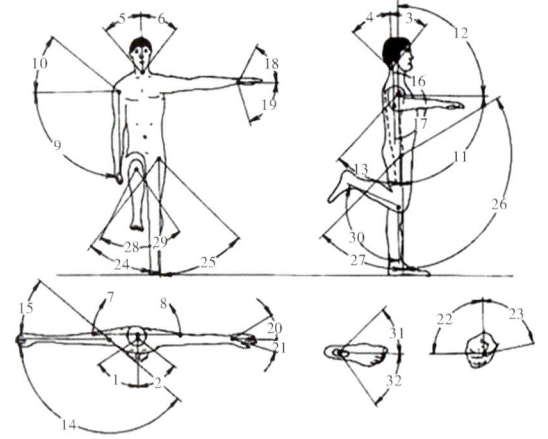

关节角度/(°)	限制角/(°)	舒适角/(°)
髋	65～120	85～110
膝	75～180	95～120
踝	70～125	85～95
肩	0～135	15～35
肘	60～180	85～110
腕	−40～20	0～4
颈	−45～50	15～25
腰	−15～12	—

图 2-119

1. 操作便利性

主动性活动件操作品质便利性评价包含人机位置、空间尺寸、操作能量和功能标识。主动性活动件操作品质便利性的评审首先确认操作者初始状态,即操作者的位置和姿势,这里以驾驶员位置操作者为例(见图 2-120),确认操作者准备开始操作动作的初始身体状态,如驾驶员的初始坐姿及手部放置位置,确认准备操作的活动件和需要动作的身体部位。

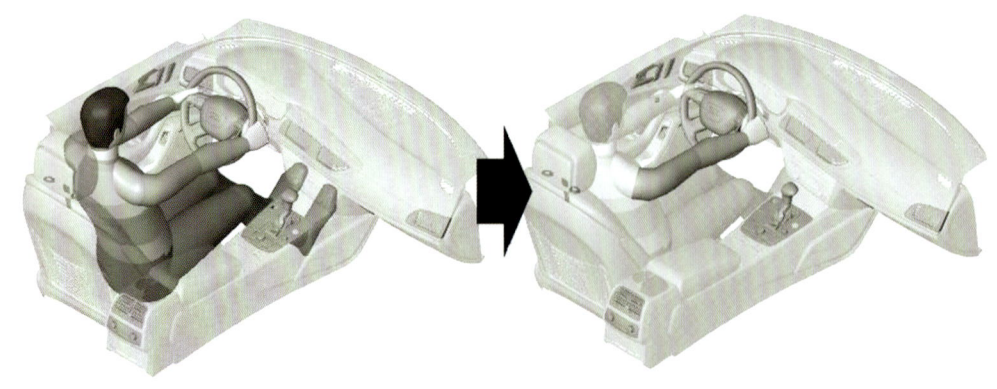

图 2-120

(1)主动性活动件操作便利性评价内容——是否需要更多的位移;将操作者身体上需要动作的部位位移轨迹在绝对坐标中进行分解,从而得到每一个坐标方向上的位移量从而进行对比分析是否需要更多的肢体位移(见图 2-121),更多的肢体位移意味着更多的能量输出,这不符合用户使用友好性原则。

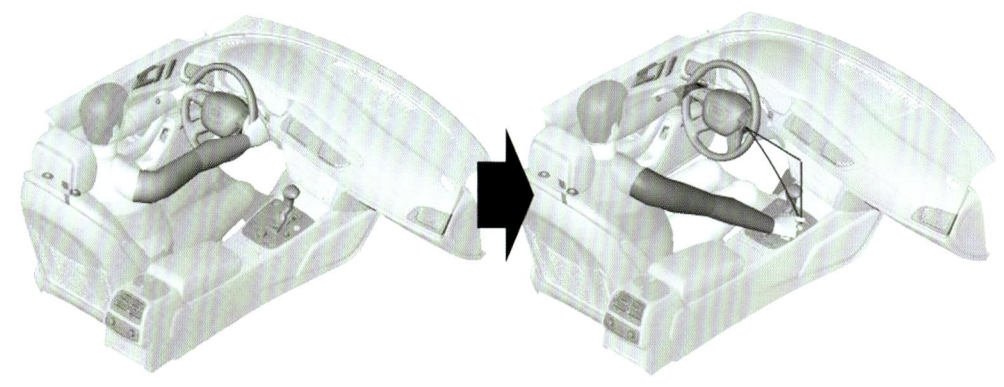

图 2-121

(2)主动性活动件操作便利性评价内容 —— 是否需要克服重力才能操作。用户使用友好性即需要服从重力原则(见图 2-122),布置于顶部的活动件在被使用时,需要用户投入更多的能量以克服自身肢体重力才能使用,这不符合用户使用友好性原则,因此,使用频率较高的活动件应避免布置在用户需要克服重力才能操作的位置,从而减少用户抱怨。

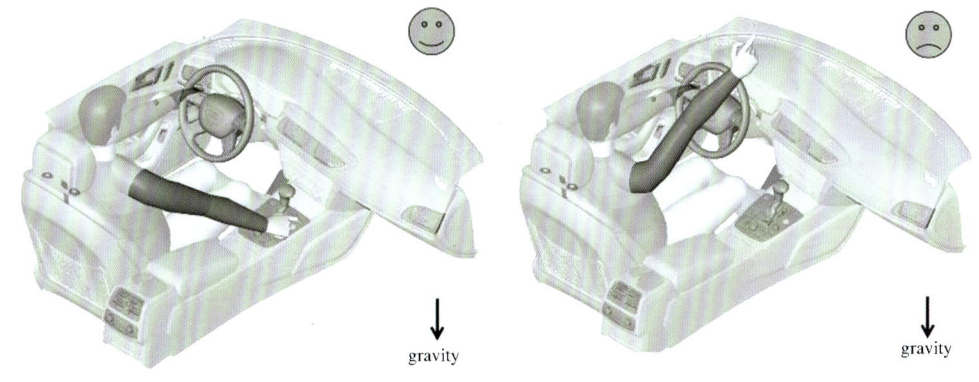

图 2-122

(3)主动性活动件操作便利性评价内容 —— 是否违反人体工程才能进行操作。最佳人体工程学肢体活动范围见图 2-119,以此为基础确认动作部位在执行操作过程中是否已超出人体关节活动的舒适范围或需要带动更多的身体部位进行操作,这种情况必然不符合用户使用友好性原则(见图 2-123)。

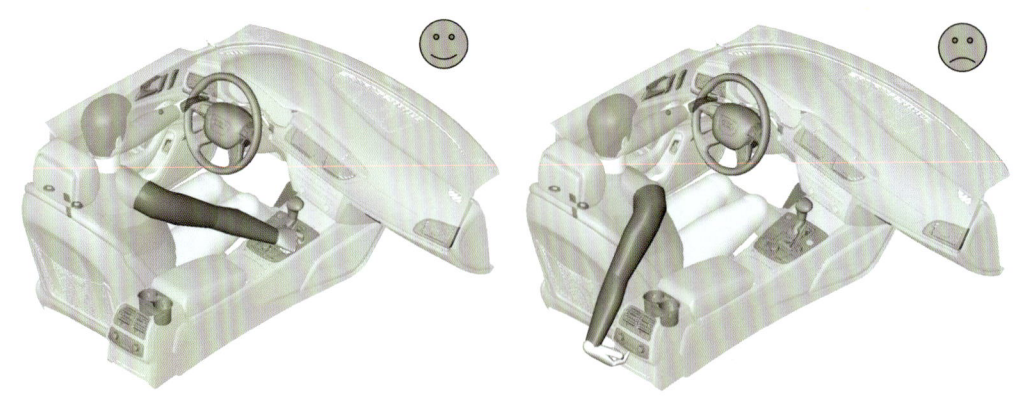

图 2-123

(4) 主动性活动件操作便利性评价内容 —— 操作路径上是否存在阻碍或干扰(见图 2-124)。当用户在使用某一活动件时必须要刻意投入部分精力确保动作部位不触碰到非必要的活动件时,这会使得用户分散注意力,形成不安全因素,因此,必须避免操作路径上的阻碍和干扰。

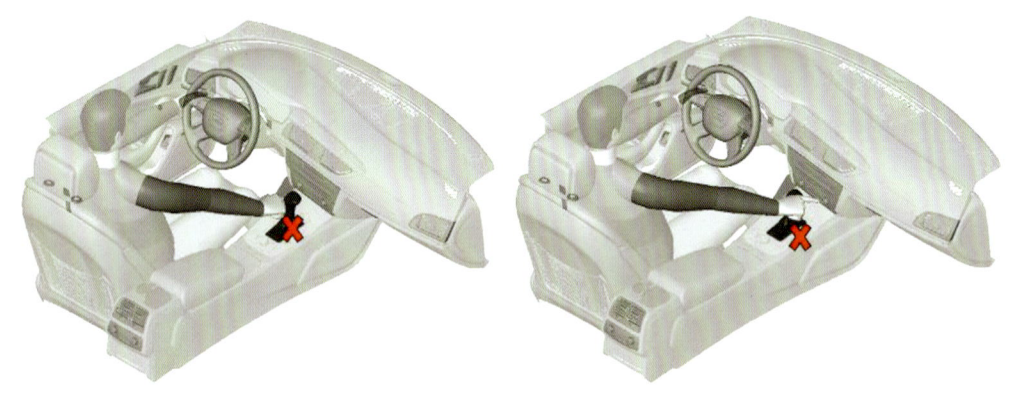

图 2-124

(5) 主动性活动件操作便利性评价内容 —— 活动件自身是否可以盲操或具备防错功能。盲操和防错功能是用户使用友好性原则中最为重要的原则,对于多数活动件的使用往往发生在行车状态,因此,尽可能减少用户使用时的注意力分散和减少犯错的机会可以有效的确保行车安全。盲操和防错的实现往往通过对活动件的布置位置和操作触感进行特殊处理,如图 2-125 中,对扶手台上一按钮进行特殊的型面和材质处理,确保用户使用时可以得到专有的反馈,减少多次尝试和发生错误操作的机会。

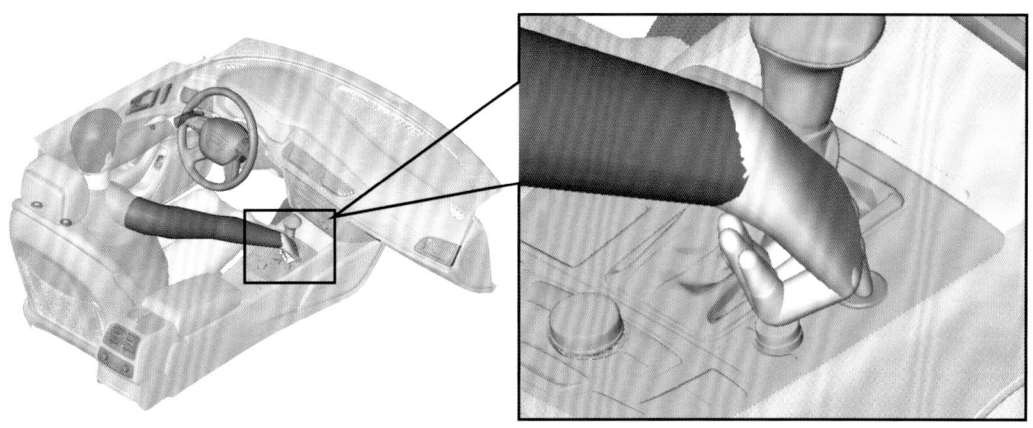

图 2-125

（6）主动性活动件操作便利性评价内容 —— 是否需要更多的身体部位参与动作。需要参与动作的肢体部位的数量往往与用户行为习惯、活动件的接触面积、空间和操作力有关。用户使用友好性原则要求应尽可能减少用户使用时的身体部位的投入，追求操作便捷化和智能化（见图 2-126）。

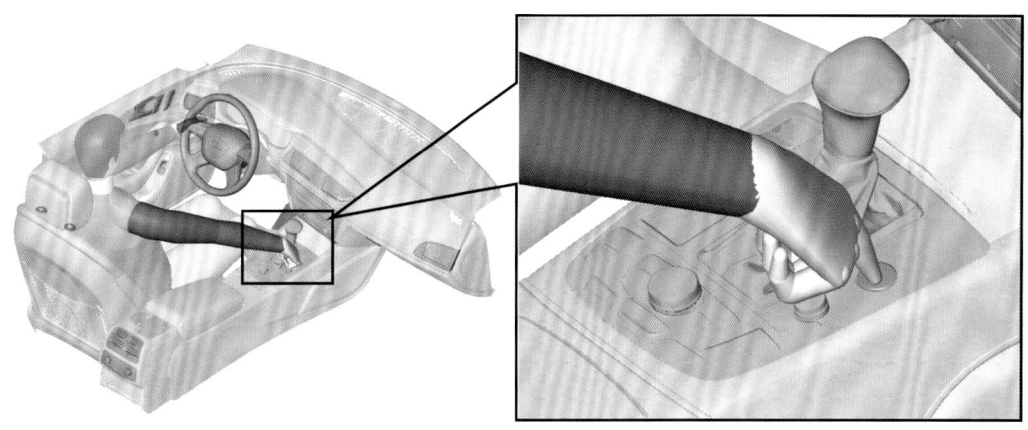

图 2-126

（7）主动性活动件操作便利性评价内容 —— 动作的身体部位所需的空间或面积大小是否满足。对于动作部位所需的空间和面积评估的前提是动作本身符合操作者最佳使用习惯，即满足最佳人体工程和最少肢体投入，如按压最少肢体投入为单指，转动最少肢体投入为双指，拉动最少肢体投入为单手四肢等。当活动件本身确定后，投入的肢体数量也会随着活动件所需操作力的大小而变化。如图 2-127 中，门内开手柄的操作动作可以定义为拉动，理论最佳使用习惯需要的最少肢体投入为单手四肢，但由于空间限制操作者仅能使用两指操作，这违反了用户使用友好性的最小空间原则。当最佳使用习惯确定后，对于绝对空间的评判，必须依托不同分位人体的肢体尺寸作为阶梯性标准，常用的人体分位阶梯为5%女性、50%女性、50%男性和95%男性（见图2-128），所需空间的评判往往以最大人体分位作为上限标准、最小人体分位作为下限标准。

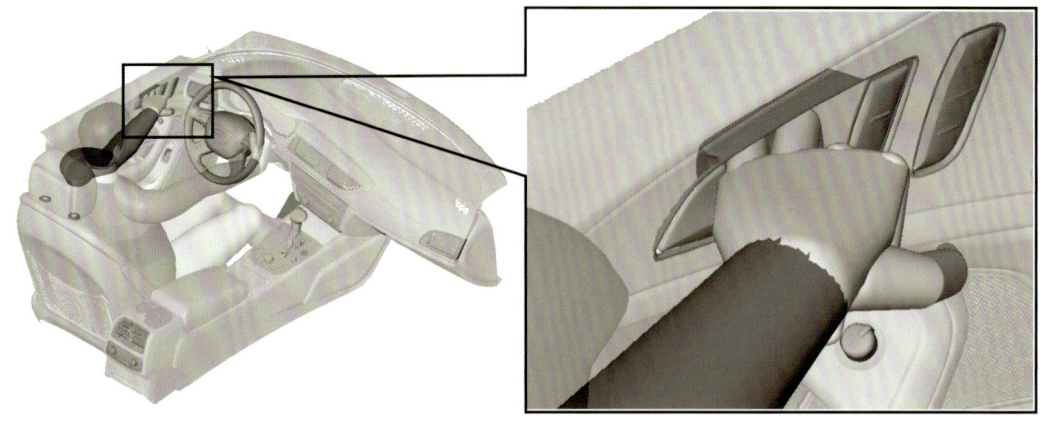

图2-127

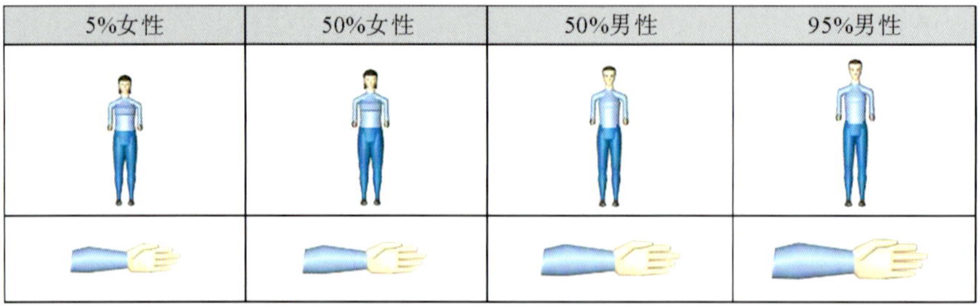

图2-128

（8）主动性活动件操作便利性评价内容——是否存在消极感知的能量输入。主动性活动件操作便利性消极感知能量输入指的是因设计余量的存在或做工质量的缺陷导致的一种不稳定的初始状态，这种状态会使得活动件在单一或多个自由度产生非操作品质贡献性的运动，该运动通常会给客户带来消极的操作感知，同时，这种运动往往伴随着操作非增值声音品质的产生。如门外把手开启之前存在操作抖动，这种抖动便属于消极感知的能量输入，用户必须克服这一消极能量之后才能有效使用（见图2-129），消极能量的存在必然使客户对于产品品质发生抱怨。

主动性活动件操作便利性消极感知能量类型分为单自由度和多自由度。单自由度消极感知能量包含同设计运动方向消极感知能量和非设计运动方向消极感知能量。同时，消极感知能量的产生过程是否有异响发生又分为接触异响型和接触无异响型(见图2-130)。

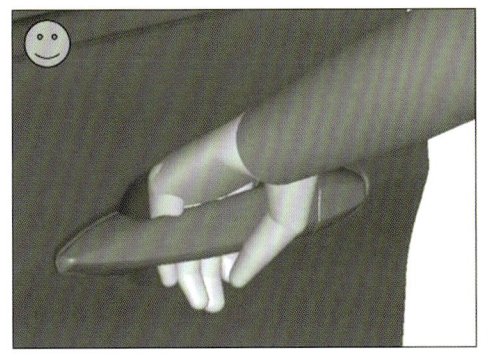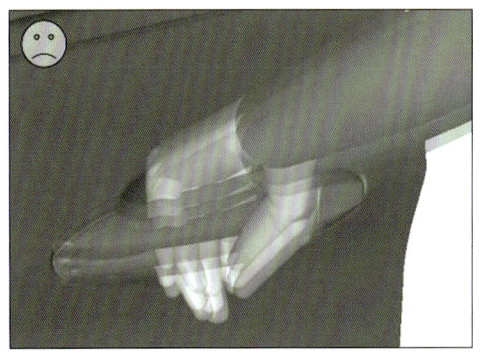

图 2-129

主动性活动件操作便利性消极感知能量分类				
消极感知能量类型		接触异响	接触无异响
单自由度	同设计运动方向		
	非设计运动方向		
多自由度	设计 & 非设计运动方向		

图 2-130

（9）主动性活动件操作便利性评价内容——是否需要更多操作能量输入。确认操作活动件需要输入的能量值，即从消除消极感知操作能量后所需使用力与活动件操作位移的曲线与坐标轴构成的区域面积（见图2-131），原则上在满足一切性能要求的前提下输入能量应趋于极限小。操作输入能量过程中包含初始操作力、极值力、操作力波形曲线和操作行程四个要素。初始操作力也叫预紧力，为满足未操作状态下活动件本身的静止功能要求从而在设计上提供的初始反向活动操作力，原则上，该力值应越小越好；极值力，操作活动件所需要的最大瞬时力，在有效操作行程范围内对于操作品质的影响最为直观；操作力波形曲线，操作力的变化过程，影响着整个活动件操作过程的感受，对于能量输出的大小有着调试的作用，通过调整力的波形曲面可以优化活动件的操作品质；操作行程，活动件从初始位置到止点位置发生的位移，旋转类活动件行程为转角，平移类活动件行程为距离。操作行程通常分为首段空行程、有效行程、末端空行程。

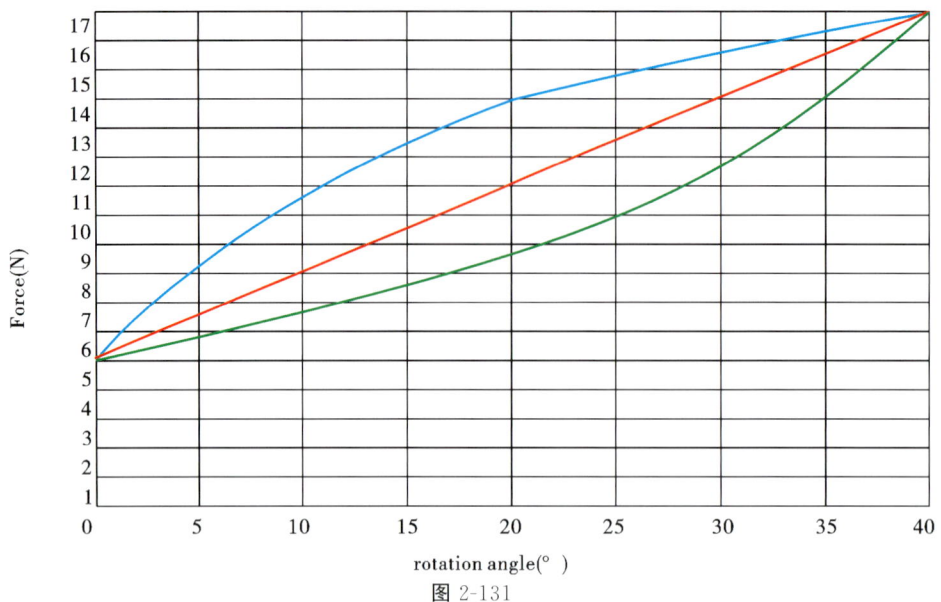

图 2-131

主动性活动件操作类型分为三类：按钮类、旋钮类和拨杆把手类。三种操作类型的能量变化曲线如图 2-132。

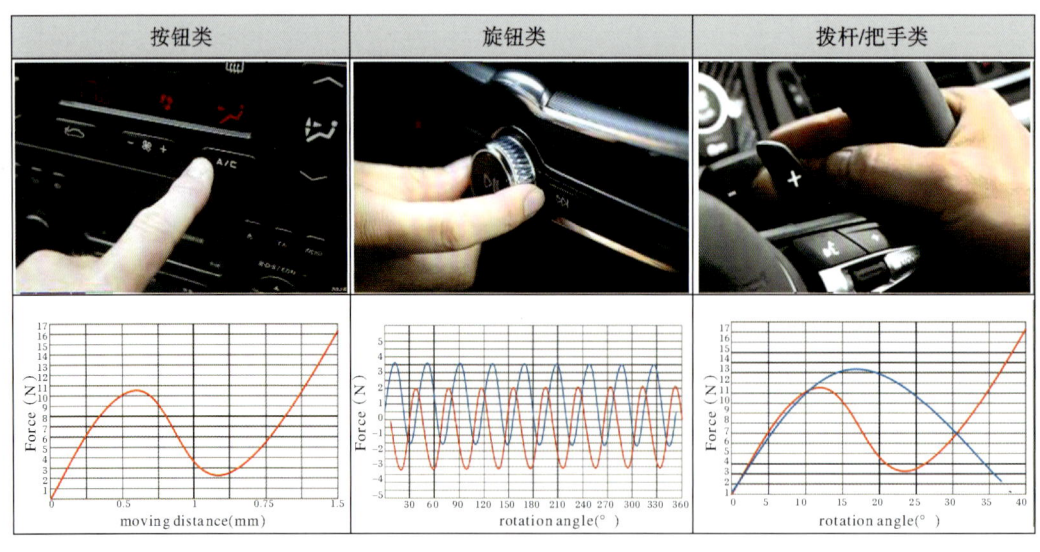

图 2-132

以按钮类能量变化曲线图为例，可以将其分为三个区间，即有效区、反馈区和缓冲区（见图 2-133）。有效区：指活动件动作过程中从开始接触操作到恰好触发活动件所操作的功能的过程,这一段是活动件最重要的区域,有效区的最大操作力值也称为有效极值;反馈区:指活动件操作过程中可直接传递给操作肢体反馈感觉的过程,通过增加该段与有效区的逆向变化过程从而改善操作手感,也起到回馈功能,反馈区的最小操作力称为反馈极值,反馈极值与有效极值在允许的范围内尽可能体现出差异;缓冲区:也可以认为是吸能区,这个区域最大的意义是为活动件提供更多的操作能量吸收过程,从而增加活动件的生命周期,对于改善操作手感影响不大。

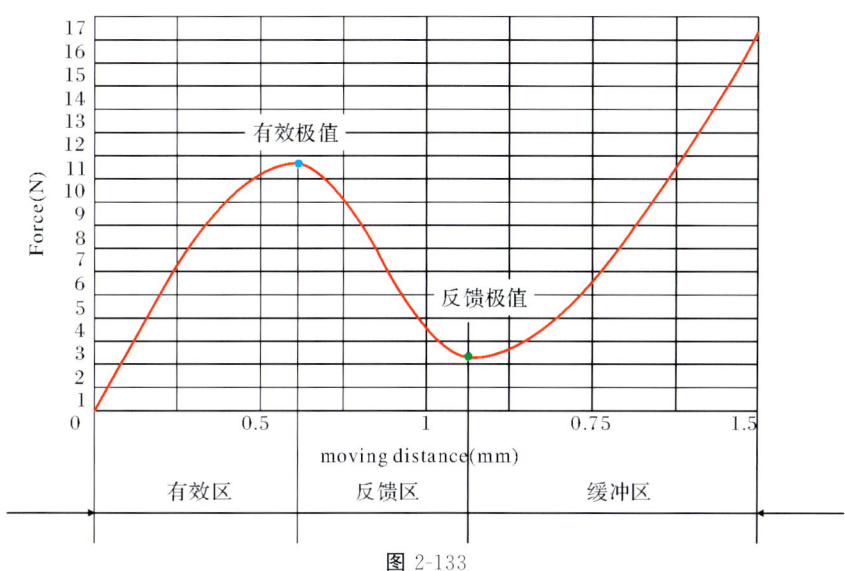

图 2-133

以按钮类能量变化曲线图为例,其能量变化曲线又分为三个行程,分别是首段空行程、有效行程和末端空行程(见图 2-134)。首段空行程:指操作动作起作用前活动件需要发生的位移或者转角行程,首段空行程存在的意义往往是为了避免那些操作频繁的活动件发生误操作;有效行程:指从操作动作开始起作用到作用恰好结束为止点过程活动件发生的位移或转角行程;末端空行程:指有效行程结束后部分活动件仍可以在肢体部位的操作下进行活动,此种情况发生的位移或者转角行程叫做末端空行程。末端空行程存在意义与缓冲区的意义类似,也有着为活动件提供更大运动安全空间的作用。输入能量的优化可通过减小整个操作行程来减少操作能量的输入,优化末端空行程为主要手段。三种不同行程在特定环境下存在其必然作用,常用活动件的应用如方向盘、油门踏板、门拉手、内后视镜等(见图 2-135)。

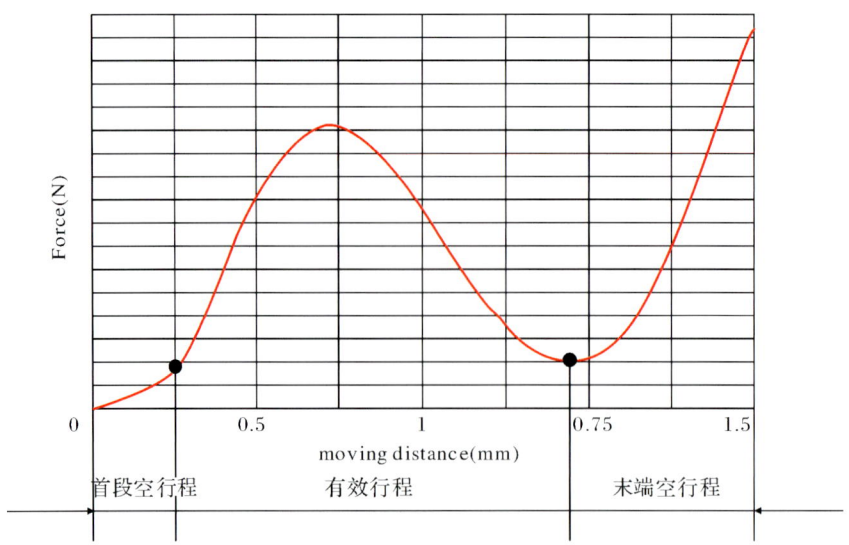

图 2-134

	常用活动件举例	特性说明
首段空行程	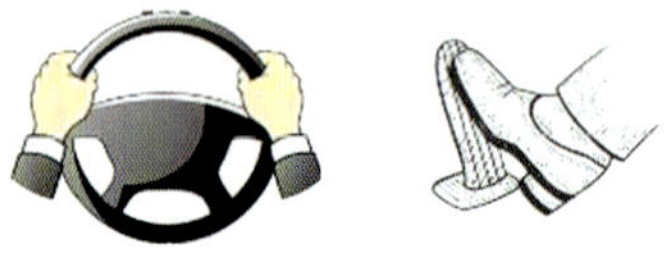	活动件需要具备防止误操作的属性,一般与安全相关的活动件必须具备一定的首段空行程
有效行程	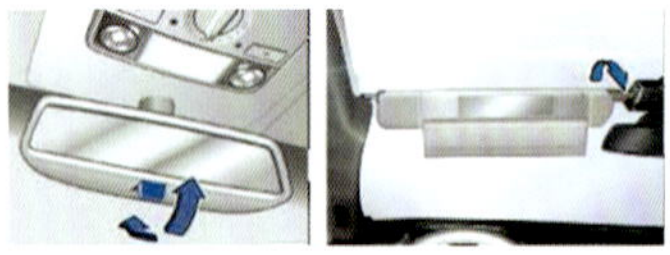	活动件的运动机理是伴随着操作肢体同步进行,相互的行程一致,且都为有效行程
末端空行程	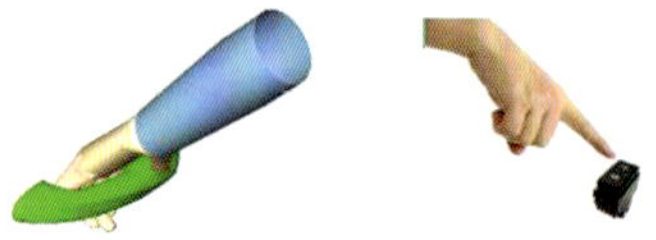	活动件所需的常规操作力较肢体提供的舒适范围内的力值较小时,使得操作动作易产生过操作

图 2-135

（10）主动性活动件操作便利性评价内容 —— 能量输入曲线变化是否符合预期。能量输入的波形曲线是否存在较多的突变拐点,且没有任何可预判性,致使参与动作的肢体部位极易脱离活动件本身。这里引入造型线特征连续性的定义来说明操作力连续变化的形式,在满足一切功能需要的前提下,力的波形曲线连续性越高操作品质感越好。

 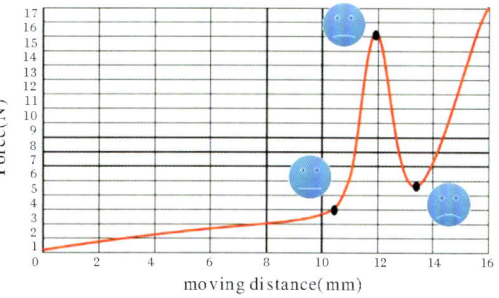

图 2-136

(11)主动性活动件操作便利性评价内容 —— 是否具有操作功能的说明标识。功能标识指使用灯光、字符或图形对具有一定功能的主动性活动件或安全件等进行功能说明的视觉或触觉信息。功能标识按照用途可以分为复杂操作类、功能说明类、法规要求类和位置指示类四种类型。

复杂操作:指完成一个主动性活动件的操作需要至少两个不同的阶段动作,并且这两个不同的阶段动作往往具有重复性或不连续性,如后排座椅放倒操作说明(见图 2-137)。

  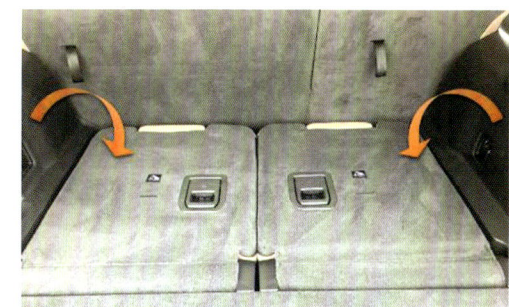

图 2-137

功能说明:指对需要进行操作的活动件或者功能件使用字符或图形进行说明的标识,其目的在于说明、指示以及客户使用的防错功能,该类标识最为常见也是最为普遍的一种标识(见图 2-138)。

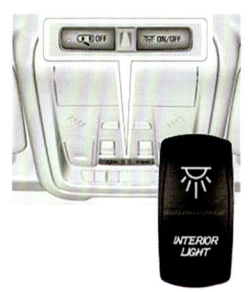 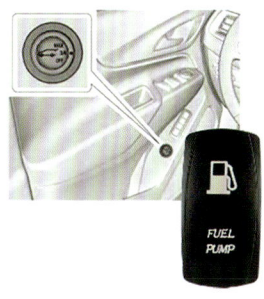 

图 2-138

法规要求：指汽车设计法规或驾驶员乘客保护法规等铭文要求的需要出现在整车内特定位置具有特性字符标识的功能标识，如遮阳板上标识要求大小在60mm×120mm或等同大小的面积，布置在这样任何适用工况可视位置（见图2-139）。

图2-139

位置指示：指在一些功能件上特定的位置增加一些特殊的颜色、灯光或者形状特征标示出功能件运动的止点位置、操作的按压触摸位置等（见图2-140）。

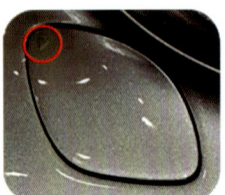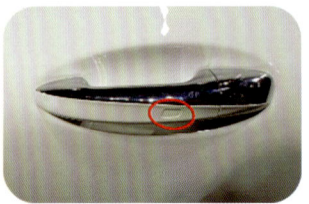

图2-140

功能标识的布置方向分为标准方向型、视野正向型和边界同向型（见图2-141）。标准方向型即当功能件在绝对坐标的投影方向符合绝对坐标时，则标识方向应符合绝对坐标轴方向；视野正向型指在标准视野区域内，功能件在绝对坐标的投影方向不符合绝对坐标，则标识方向应符合标准视野的正方向；边界同向型指非标准视野区域内，功能件在绝对坐标的投影方向不符合绝对坐标，则标识方向应与载体边界方向平行。

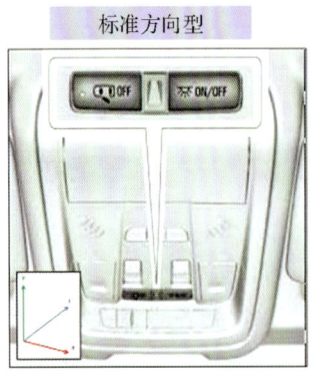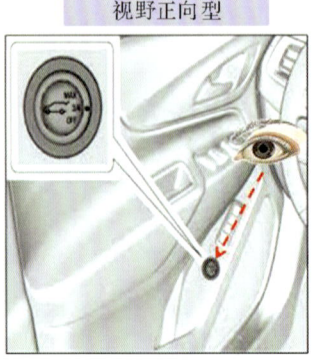

图2-141

功能标识的布置位置在确定好功能标识的布置方向后,优先按照居中均布的方式布置功能标识,但必须确保标准视角内的功能标识完整呈现,避免存在其他部分对标识进行遮挡(见图 2-142)。

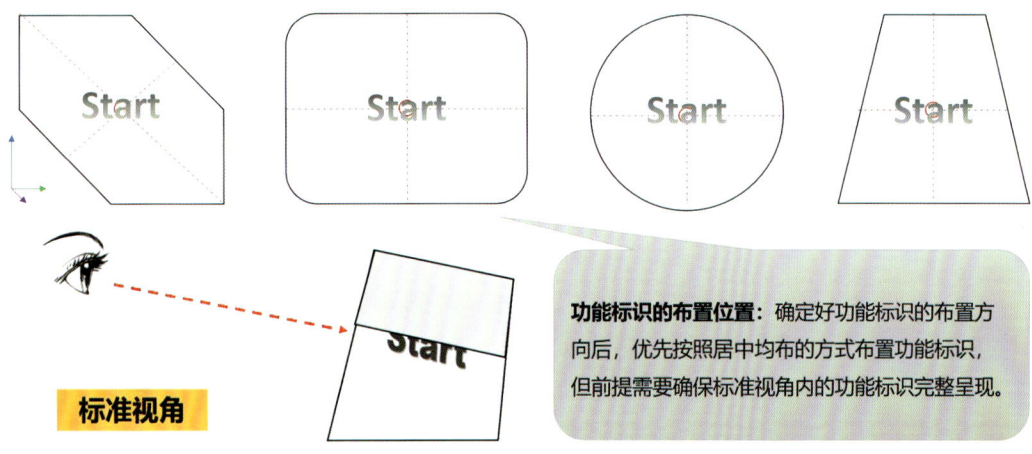

图 2-142

功能标识评价内容包括辨识度、清晰度、一致性和工作质量四个维度。辨识度这里也叫易读性,指用户辨识并理解标识含义的难易程度,按照用户使用友好性原则要求功能标识必须形象直观,功能标识类型按照易读性程度从高到低的顺序依次为图形+字符型、图形型、字符型(见图 2-143)。

图形+字符	图形	字符
★★★	★★	★
图形与字符的权重应保持一致	标识图形需与整车造型呼应	字符种类≯2种

图 2-143

清晰度和一致性的评价内容包含功能标识的颜色、成型深度、标识大小和标识线宽(见图 2-144)。标识的颜色与基材的颜色反差程度越大,清晰度则越高;发光标识其颜色清晰度最高。同样的颜色,标识的清晰度随成型深度的加深其清晰度越好;但前提确保深度不足以贯穿。单一标识的大小:①接触类:接触面＜

25mm×25mm,留白宽度<1/2标识宽度;接触面>25mm×25mm,标识最大宽度<25mm;②非接触类:留白宽度<标识长度。标识线宽在满足标识形状完整、线条不干涉的前提下,线宽越宽、清晰度越好。一致性要求当功能标识的基材材质相同或功能标识的用途一致或相近时,标识的内容应保持一致。

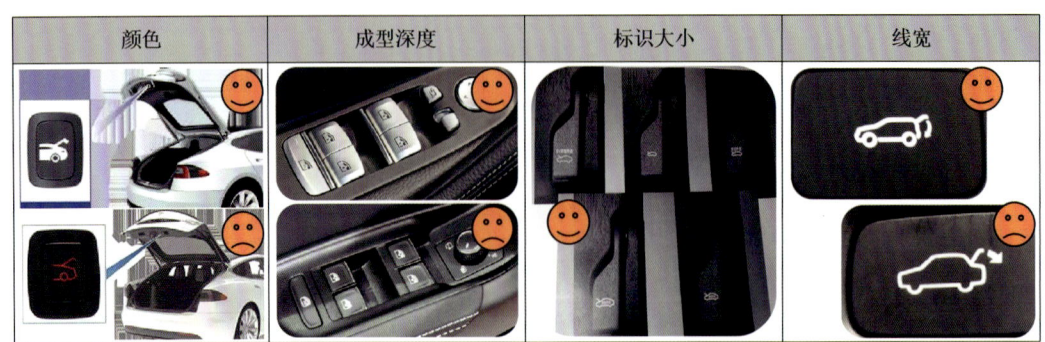

图 2-144

被动性活动件指因用户操作主动性活动件起作用后,关联部件产生的无需客户直接介入即可自主发生动作的活动件。被动性活动件的动作类型按照与用户的交互模式可以分为无极同步动作、顺接保护性动作和顺接非保护性动作三种类型。无极同步动作指被动性活动件的动作是与对应的主动性活动件的动作同步持续进行的,如外后视镜的调节、玻璃升降、电动座椅的调节等;顺接保护性动作指被动性活动件的动作是在对应主动性活动件动作完成后顺接发生,并且主动性活动件操作者的肢体部位有存在于对应被动性活动件运动的轨迹上。如后备箱盖弹起、手套箱开启等;顺接非保护性动作与顺接保护性动作相对,即主动性活动件操作者的肢体部位无存在于对应被动性活动件运动的轨迹上,如雨刮、阅读灯、电动充电口盖等。

被动性活动件操作便利性的评价维度包含人机布置、运动速度、止点状态和同步性。

被动性活动件动作的人机位置维度的评价需基于特定使用者的尺寸状况以及人机工程学的舒适性范围。而部分人机位置的确定则要符合特定的使用环境,比如对使用者的保护等。以后备箱开启高度为例,此时后备箱开启的最高点位置属于被动性活动件的动作止点人机位置,该位置应符合多数分位人体用户使用的舒适范围,因此取 95% 男性和 50% 女性用户使用状态作为评判标准(见图 2-145),当同时满足两种分位人体的使用便利性时,则该被动性活动件止点的人机位置即符合要求。此外,对于不同级别的车型我们可以选择更多分位的人体参数进行校核,从而得到更高标准的评价结果,以此来满足更大群体的用户需求。

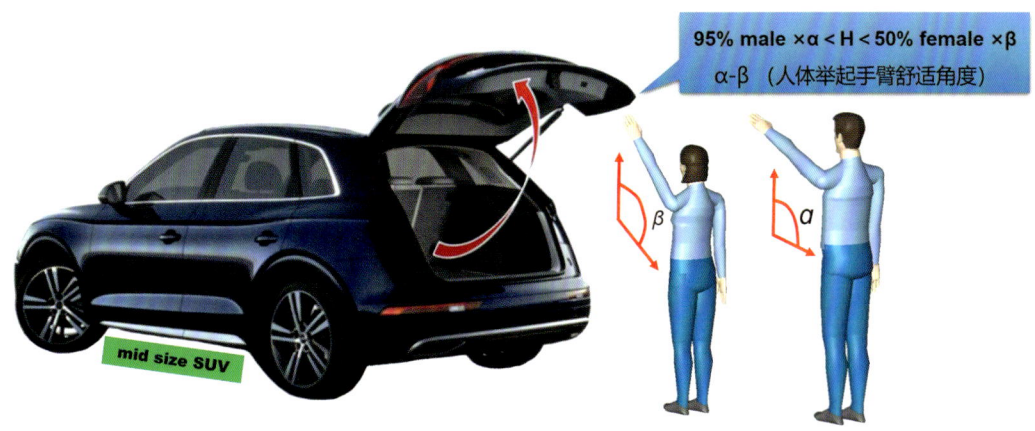

图 2-145

被动性活动件动作的运动速度维度的评价原则即在满足被动性活动件动作完成后止点状态不存在任何动作缺陷如抖动、碰撞异响等前提下,应尽可能加快运动速度,减少顾客等待时间。当被动性活动件完成动作时的止点状态恰好符合无动作缺陷,此时被动性活动件的运动速度成为临界速度,也是被动性活动件运动的最佳速度(如图 2-146)。而当某一被动性活动件需要体现出对用户的仪式感时,可适当减缓运动速度,延长用户的等待时间,适当的等待时间可以让用户感到被用心对待的仪式感。

图 2-146

被动性活动件动作的止点状态维度的评价包含止点位置的运动状态和声音状态。运动状态即被动性活动件的止点位置应无振幅波动,能量平顺衰减直至骤停;声音状态即被动性活动件的止点位置停止瞬间声音响度的突增现象,声音戛然而止无尾音延续(如图 2-147)。

图 2-147

被动性活动件动作的同步性维度的评价即需要满足被动性活动件的动作有效过程与主动性活动件操作的有效行程保持一致，做到同步开始动作和同步停止动作的共频性，无用户可感知的时间误差（见图 2-148）。

图 2-148

当被动性活动件动作属于顺接性保护性动作时（如图 2-149），评价的关键优先考虑人体部位在活动件运动的轨迹上如何避免，相比牺牲人机操作的便利性，通过一定的延时和警示提醒可以较好地改善这类活动件的使用友好性，这时就必须存在顺接保护性动作功能件的延时性。顺接性保护性动作的延时性往往伴随着延时前的预警提示，常规的预警提示效果包含声音提示、灯光提示和动作提示，按照预警提示效果的友好性和有效性从高到低依次为声音提示＋灯光提示、声音提示、灯光提示、动作提示。

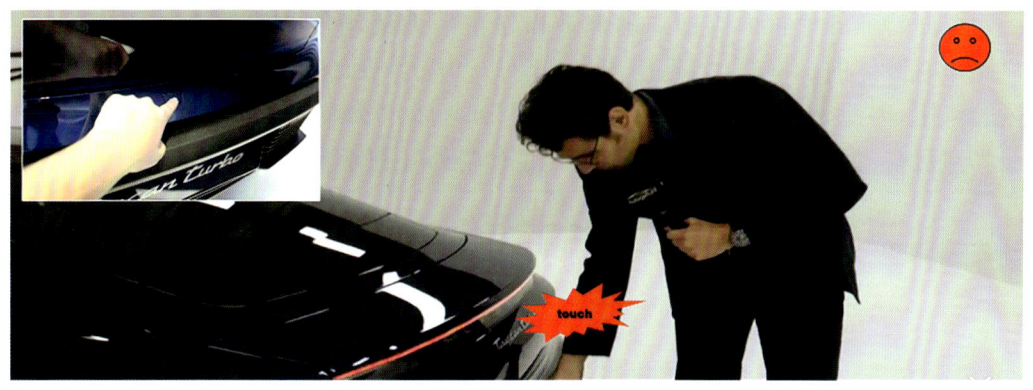

图 2-149

2. 操作触感

触感指用户肢体接触到产品表面所得到的温度、硬度、表面粗糙度、表面粘附性、支撑感和异物感等客户感知到的物理特性反馈的总成；操作触感指用户在使用主动性活动件时参与动作的肢体部位从接触到完成整个操作动作的过程中活动件产生的用户肢体的体感反馈。较触感而言，操作触感存在用户肢体部位与活动件本身的相对运动，这种相对运动发生的过程不应产生操作触感的变异，即要确保操作触感的稳定性和一致性。

主动性活动件操作触感的评价内容包含型面特征、材质处理和触感缺陷三个维度（见图2-150）。型面特征指用户操作动作中接触主动性活动件的表面形状，型面特征要求符合人体运动工程学，集中受力点位于肢体非敏感区域，其他接触肢体部位受力均匀；材质处理指用户操作动作中接触主动性活动件表面的材质处理方式，当肢体接触部位进行了材质上的特殊处理，如软质材料覆盖或者特殊纹路的防滑处理，则该主动性活动件的用户使用友好性产生质的提升；触感缺陷指用户操作动作中接触主动性活动件表面的触感反馈存在不符合预期的体感缺陷，这种缺陷属于微观缺陷，往往易引起用户对细节的不满。

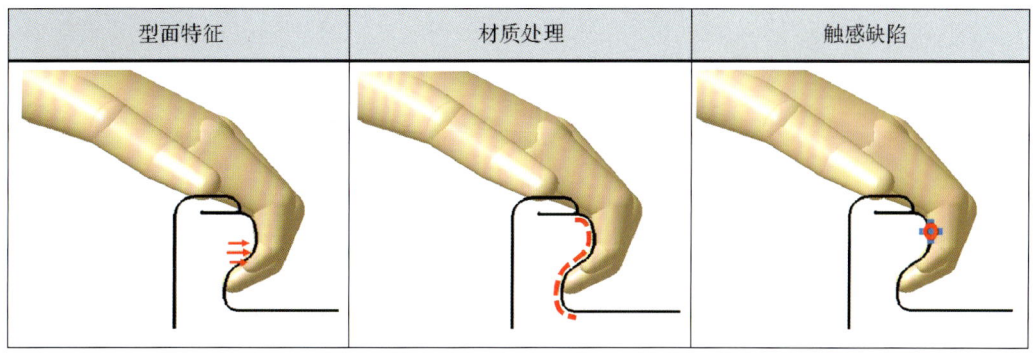

图 2-150

型面特征的评价原则即要确保被操作主动性活动件的接触表面形状适应用户操作时肢体的标准动作，且用户操作动作过程中型面应能起到稳定参与动作肢体的作用，因此，型面特征的评价标准由好到坏依次为肢体随型、肢体限位和无随型/无限位。如图 2-151 所示三种隐藏式车门外开把手型面特征。

图 2-151

材质处理的评价原则即用户操作接触到主动性活动件的表面材质必须具备对操作者参与动作肢体的保护性和维持操作者标准动作不发生变异的有效性，如能量缓冲、防滑、透气吸汗、亲肤等。

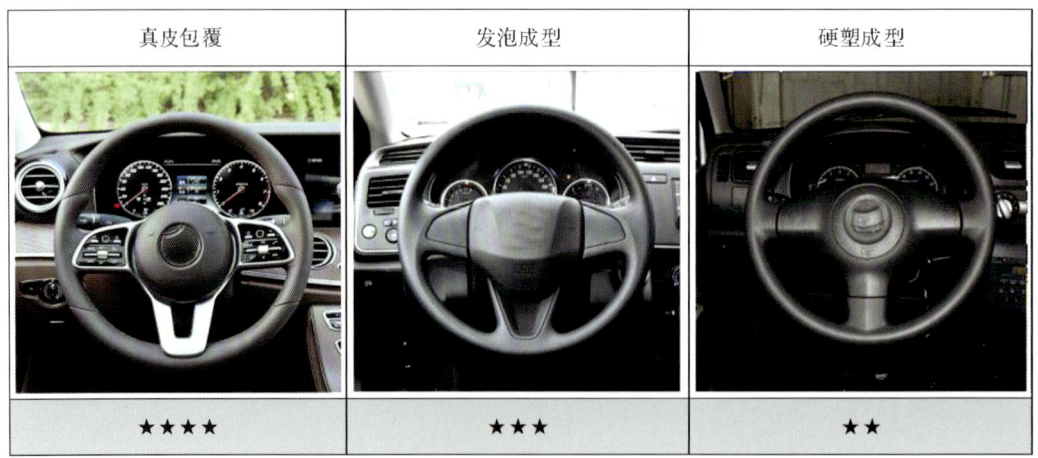

图 2-152

触感缺陷的评价原则即宏观上满足型面特征和材质处理的要求，微观上进行触感的缺陷消除直至达到微观触感零缺陷的目的，因此，触感缺陷的评价以缺陷的严重度和数量作为依据，如车门内把手的触感缺陷往往存在分缝和分型线等触感缺陷（见图 2-153）。

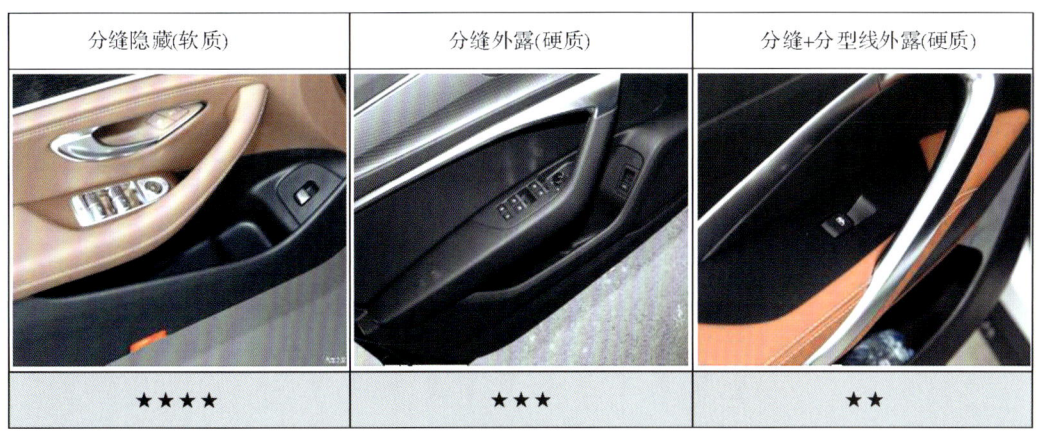

图 2-153

常规触感缺陷包含：触感一致性缺陷、异物感、非受力方向的移动、空鼓感和支撑感不足。

触感一致性缺陷指用户参与动作的肢体接触到的主动性活动件的表面的体感反馈存在区域性差异，这种差异由设计几何形体或造型的工艺缺陷导致。触感一致性缺陷按照性质的不同分为表面形体触感一致性缺陷和表面温度触感一致性缺陷。表面形体触感一致性缺陷又按照参与动作的肢体部位接触到的材质成分分为单材质触感一致性缺陷和多材质触感一致性缺陷（见图 2-154）；表面温度触感一致性缺陷往往是因为参与动作的肢体接触到的主动性活动件表面由多种不同性质的材质组成，如金属材质和非金属材质，致使用户感知到的温度反馈不一致（如图 2-155）。

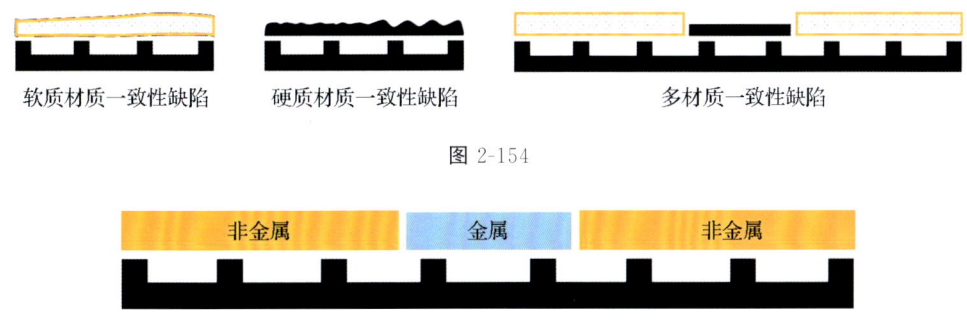

图 2-154

图 2-155

触感缺陷异物感指用户参与动作的肢体接触到的主动性活动件的软质表面存在影响设计触感的多余物体元素，按照多余物体元素的位置不同可以将异物感分为基材异物感和表皮异物感两种类型（见图 2-156），而影响异物感严重度的因素为多余物体的硬度和大小，同样硬度和大小的多余物体，触感缺陷异物感的严重度基材异物感要略优于表皮异物感。

图 2-156

触感缺陷非受力方向的移动指用户参与动作的肢体接触到的主动性活动件的软质表皮在动作过程中存在与基材的相对运动,运动方向为非受力方向(如图 2-157)。

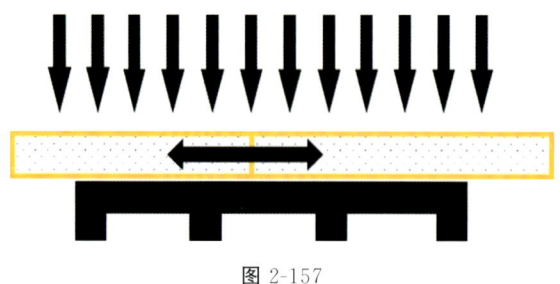

图 2-157

触感缺陷空鼓感指用户参与动作的肢体接触到的主动性活动件的软质表皮与基材之间存在较大的空间缝隙(见图 2-158),这种空间缝隙严重影响了用户使用的友好性甚至安全性。

图 2-158

触感缺陷支撑感不足指用户参与动作的肢体接触到的主动性活动件的软质表皮下的基材不能提供有效的反向支撑,而存在与受力方向相同的位移(如图 2-159),这种现象往往发生在用户紧急施力快速操作的特定情况,当支撑感严重不足时会造成操作触感缺失,产生安全风险。

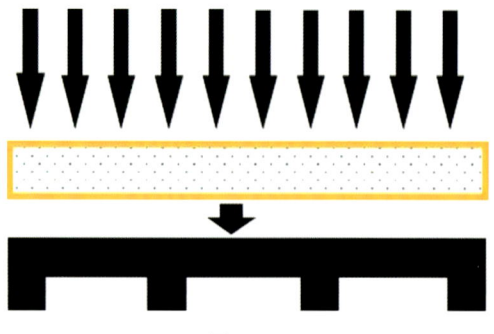

图 2-159

3. 操作声品质

声音是由物体振动产生的声波,通过介质(空气或固体、液体)传播并能被人或动物听觉器官所感知的波动现象。声音三要素包含响度(音量)、音高(音调)和音色(音品),响度指人耳感受到的声音强弱,它是人对声音大小的一个主观感觉量。响度的大小决定于声音接收处的波幅,就同一声源来说,波幅传播的愈远,响度愈小;当传播距离一定时,声源振幅愈大,响度愈大。音高指各种音调高低不同的声音,即音的高度,是音的基本特征的一种。音的高低是由振动频率决定的,两者成正相关关系,频率高则音高,反之则低。音色指不同声音表现在波形方面总是有与众不同的特性,不同的物体振动都有不同的特点,不同的发声体由于其材料、结构不同,则发出声音的音色也不同。

基于顾客购买心理学的感知质量体系将声音分为音效和声品质。音效即音乐和声效;声品质指用户在使用活动件过程中因为活动件自身的机械动作而产生的用户可感知的声音的好坏程度。

声品质具备三种特性,分别为掩盖效应、纯粹性和同步性。掩盖效应指当两个声音信号响度不等、彼此之间在时间和频率上足够近时,由于响度较大声音的存在,响度或尖锐度较低的声音会被掩蔽而不容易被人耳分辨出来;纯粹性指一段声音中非意图性质产生的声音占整体的比值,比值越高,纯粹性越低。当非意图性质产生的声音越多,声音品质就越差,在使用过程中意外产生的声音会降低整体的声音品质评价;同步性指声音的产生起始点与操作动作起始点同步,声音与被动动作的频次也应同步。当操作动作终止时,因该动作产生的声音仍然存在,这种声音叫作尾音,回音也是尾音的一种,尾音会影响声音品质的提升。

声品质评价内容包括响度、尖锐度、音长、波动度和粗糙度五个维度。由于声品质波形曲线同时可以体现评价内容的五个维度,并且可以直观地进行定性和定量化的展示,因此,基于顾客购买心理学的感知质量体系中对声品质的评价采用声品质波形曲线法,评价标准从优到劣如下:

(1)单音状况:音强渐弱直至消失,且最强音未超出极限要求。单音,这里指由单一振动源发出的单一频率的声音,非纯音(见图2-160)。

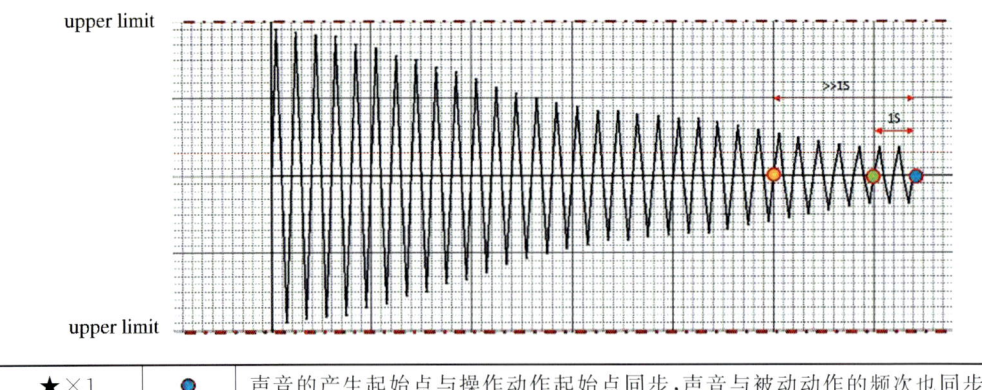

★×1	🔵	声音的产生起始点与操作动作起始点同步,声音与被动动作的频次也同步
★×0.6	🟢	声音的产生起始点与操作动作起始点不同步,声音延时结束≤1s
★×0.3	🟠	声音的产生起始点与操作动作起始点不同步,声音延时结束>1s

图 2-160

(2)单音状况:音调存在多段波动,但最强音未超出极限要求(见图2-161)。

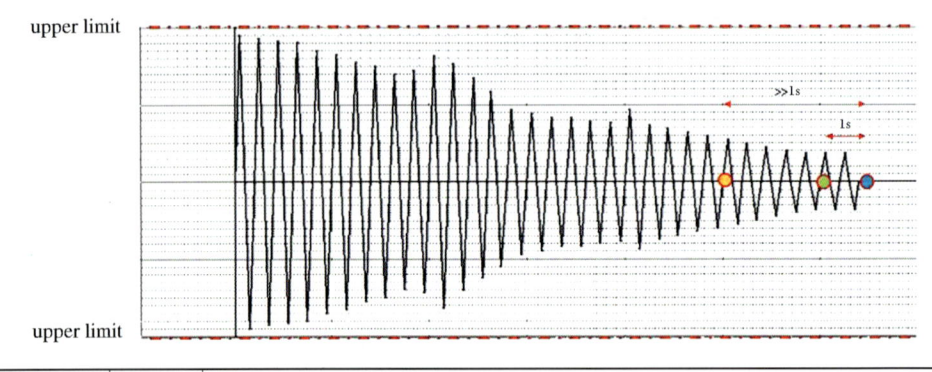

★×1	🔵	声音的产生起始点与操作动作起始点同步,声音与被动动作的频次也同步
★×0.6	🟢	声音的产生起始点与操作动作起始点不同步,声音延时结束≤1s
★×0.3	🟠	声音的产生起始点与操作动作起始点不同步,声音延时结束>1s

图 2-161

(3)单音状况:音强渐弱直至消失,但最强音超出极限要求(见图2-162)。

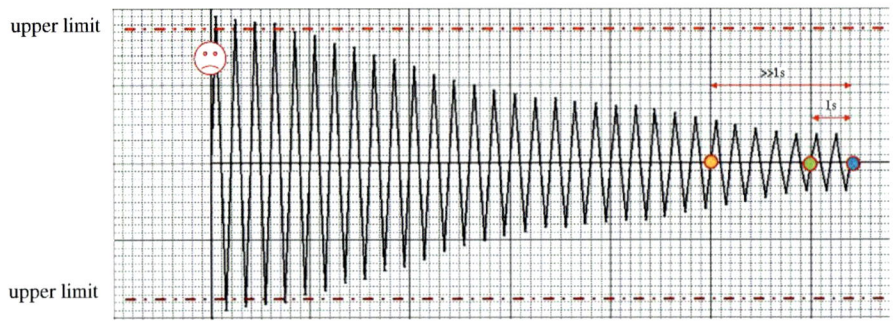

★×1	●	声音的产生起始点与操作动作起始点同步,声音与被动动作的频次也同步
★×0.6	●	声音的产生起始点与操作动作起始点不同步,声音延时结束≤1s
★×0.3	●	声音的产生起始点与操作动作起始点不同步,声音延时结束>1s

图 2-162

（4）单音状况：音调存在多段波动,且最强音超出极限要求（见图 2-163）。

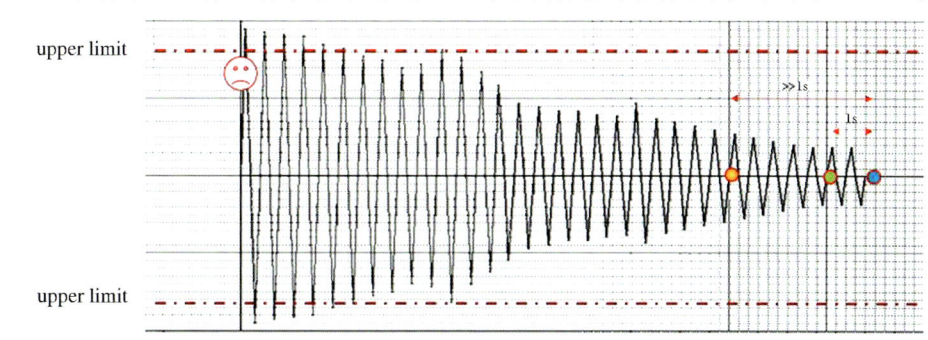

★×1	●	声音的产生起始点与操作动作起始点同步,声音与被动动作的频次也同步
★×0.6	●	声音的产生起始点与操作动作起始点不同步,声音延时结束≤1s
★×0.3	●	声音的产生起始点与操作动作起始点不同步,声音延时结束>1s

图 2-163

（5）复音状况：但存在掩蔽效应,这种掩盖效应使得用户感知到的声音极度接近单音效果,则评价标准介于复音与单音状况之间。复音,指有多个单音混合形程的复合化声音（见图 2-164）。

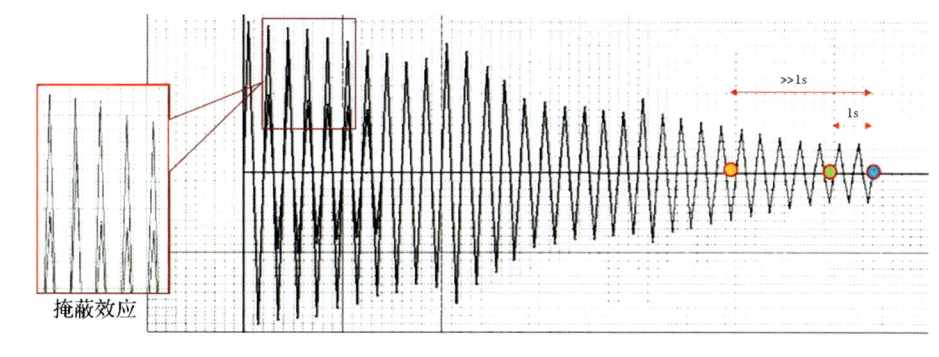

★×1	●	声音的产生起始点与操作动作起始点同步,声音与被动动作的频次也同步
★×0.6	●	声音的产生起始点与操作动作起始点不同步,声音延时结束≤1s
★×0.3	●	声音的产生起始点与操作动作起始点不同步,声音延时结束>1s

图 2-164

（6）复音状况：构成复音的每段单音音强都呈减弱趋势,且最强音未超出极限要求（见图 2-165）。

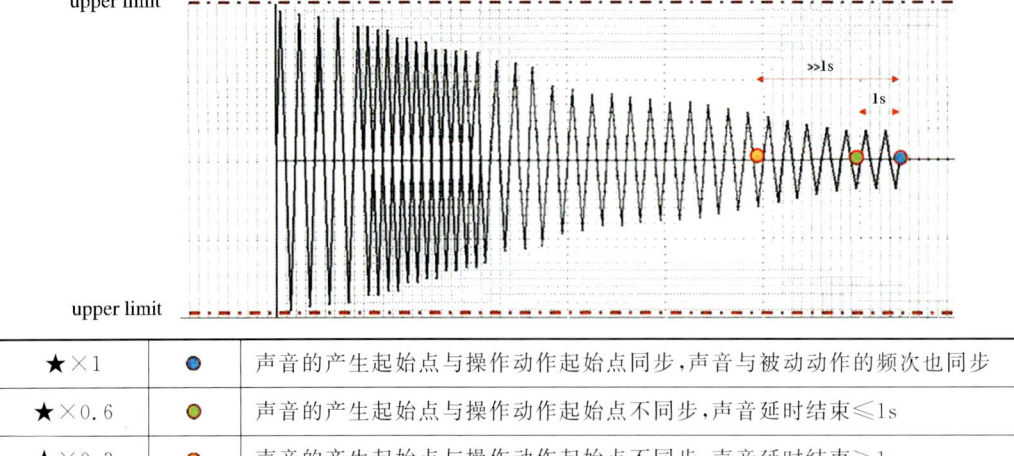

★×1	🔵	声音的产生起始点与操作动作起始点同步,声音与被动作的频次也同步
★×0.6	🟢	声音的产生起始点与操作动作起始点不同步,声音延时结束≤1s
★×0.3	🟠	声音的产生起始点与操作动作起始点不同步,声音延时结束>1s

图 2-165

（7）复音状况:构成复音的单音至少有一单音音强呈波动趋势,且最强音未超出极限要求(见图 2-166)。

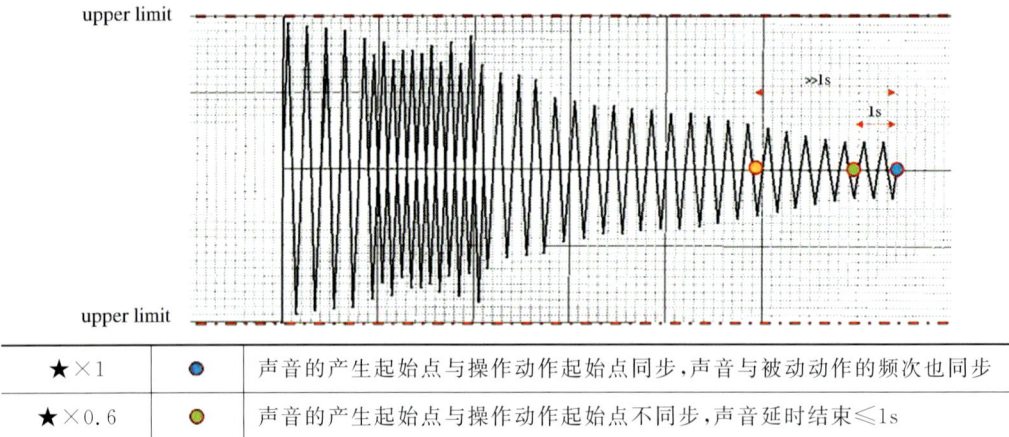

★×1	🔵	声音的产生起始点与操作动作起始点同步,声音与被动作的频次也同步
★×0.6	🟢	声音的产生起始点与操作动作起始点不同步,声音延时结束≤1s
★×0.3	🟠	声音的产生起始点与操作动作起始点不同步,声音延时结束>1s

图 2-166

（8）复音状况:构成复音的每段单音音强都呈减弱趋势,且最强音超出极限要求(见图 2-167)。

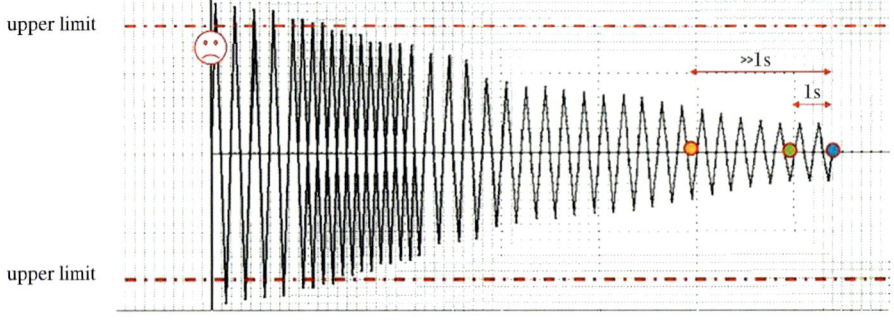

★×1	🔵	声音的产生起始点与操作动作起始点同步,声音与被动动作的频次也同步
★×0.6	🟢	声音的产生起始点与操作动作起始点不同步,声音延时结束≤1s
★×0.3	🟠	声音的产生起始点与操作动作起始点不同步,声音延时结束＞1s

图 2-167

(9)复音状况:构成复音的单音至少有一单音音强呈波动趋势,且最强音超出极限要求(见图 2-168)。

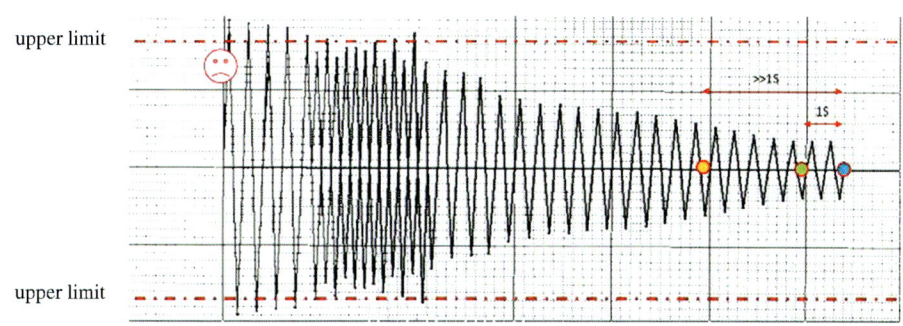

★×1	🔵	声音的产生起始点与操作动作起始点同步,声音与被动动作的频次也同步
★×0.6	🟢	声音的产生起始点与操作动作起始点不同步,声音延时结束≤1s
★×0.3	🟠	声音的产生起始点与操作动作起始点不同步,声音延时结束＞1s

图 2-168

(10)损音状况:该段音波存在引起人听觉不适甚至疼痛的声音(见图 2-169)。损音,这里指会使人耳感受到极度不舒适甚至疼痛的声音,如过高频率或特殊音色的声音。高于人耳听觉"痛阀"的声音必然是损音。

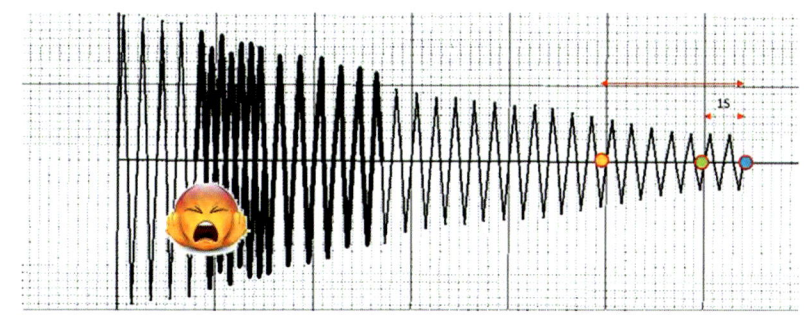

☆×1	🔵	声音的产生起始点与操作动作起始点同步,声音与被动动作的频次也同步
☆×0.6	🟢	声音的产生起始点与操作动作起始点不同步,声音延时结束≤1s
☆×0.3	🟠	声音的产生起始点与操作动作起始点不同步,声音延时结束＞1s

图 2-169

声品质波形图中存在的极限要求指响度和尖锐度两个维度的极限值,响度和尖锐度分别指人耳对声音强弱和声音刺耳程度的主观感受,响度的大小代表了声音的响亮程度,单位为宋(sone),频率为1kHz的纯音,如果其声压为40dB,那么其响度为1 sone,一般来说,声音的响度越大越响亮,人们对声音的主观烦躁度也越大,声品质也越差;尖锐度越高声音越刺耳,人们对声音的感觉越烦恼,声品质也越差,其单位是为acum,定义中心频率为1kHz、带宽为160Hz的60dB窄带噪声的尖锐度为1acum。可以看到,声品质中的响度和尖锐度都与声压和频率有关,而它们之间的关系可以用等响度曲线图来表示(见图2-170)。

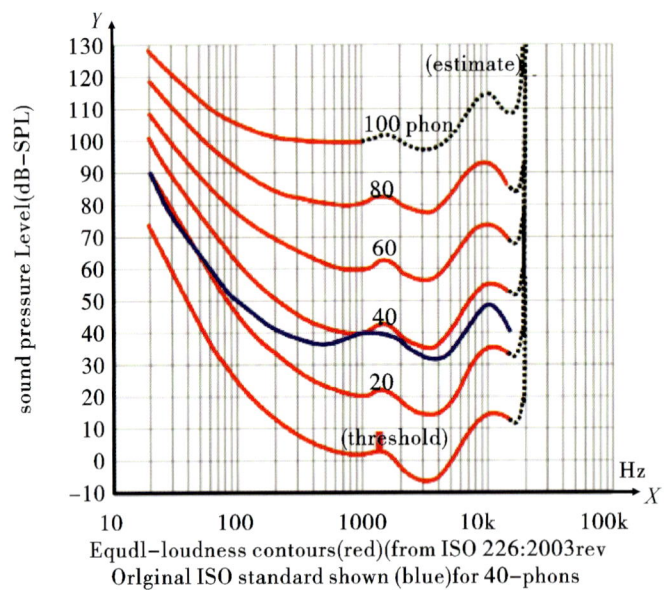

图2-170

如图2-170中所示,Y轴代表实际音压强度(dB-SPL),X轴代表不同受测频率,图上面的各条曲线是以每20个phon为测量单位去进行测试的结果。(注:phon是以pure tone测出的声音响度单位,0 phon代表人耳最小能听到的声音响度),红色曲线就是等响度曲线(Equal Loudness Contour),从图中可以看出当声音频率一定时,声音的响度会随声压级的变化而改变,而人耳可感知的声音频率为20Hz~20kHz,在该区间内低频声音需要更高的声压才能达到高频声音相同的响度。因此,当声音频率一定时,在用户可感知的响度极限范围内,声压级越低,用户感知到的声音品质越好(见图2-171)。

	声源	距离(m)	声压级 SPL(dB)	声压 SP(Pa)	备注
☹	喷气式飞机起飞	50m	140	200	
	痛阀	/	130	63.2	
	不舒服的阀值	/	120	20	
	电锯	1m	110	6.3	
☹	舞厅扬声器	1m	100	2	
	柴油机卡车	10m	90	0.63	
	繁忙道路、人行路	5m	80	0.2	
	吸尘器	1m	70	0.063	
	对话	1m	60	0.02	
	普通家庭	5m	50	0.0063	可接受操作声音品质降落区间
	安静的图书馆	5m	40	0.002	最优操作声音品质降落区间
☹	晚上安静的卧室	5m	30	0.00063	
	电视演播室背景噪音	5m	20	0.0002	
	远处沙沙声	10m	10	0.000063	
	听阀	/	0	0.00002	

图 2-171

声压级的影响因素有环境声压、音源到测试设备的距离和测试音的声压三个要素。声压级的测试简单易得，因此，声品质波形曲线中的极限值也可用声压级作为简易标准，但前提必须确保三要素中环境声压和测试距离完全一致。

五、舒适性体验

舒适性体验，指用户在经历本能和行为反应体验并获取了基础感知信息后进一步与整车交互产生的深层次感知回馈，这种回馈是一种从表象生理感知逐步到心理深层反思的过渡意识，舒适性体验是用户被动感知便利性体验的升华，舒适性体验包含了乘降舒适性、乘坐舒适性、空间舒适性和温度舒适性四个维度。

1. 乘降舒适性

乘降舒适性，又叫上下车舒适性，指用户从车外上车位置的初始站立状态到进入车内指定座椅位置完全就座状态的过程（或从指定座椅位置的完全就座状态退出到就近车门外的站立状态）发生的身体位移及肢体动作变化所产生的舒适性感知属性。按照乘降过程的复杂性将其分为直接乘降和间接乘降。直接乘降：指不需要乘客身体发生越位位移即可直接从初始站立状态进入到指定座椅位置完全就座状态(或从指定座椅位置的完全就座状态退出到就近车门外的站立状态)。

间接乘降:相对于直接乘降在发生乘降过程中,会经过上车—越位位移—入座多个过程,其中上车和越位位移两个过程或可合并为一个过程(见图2-172)。

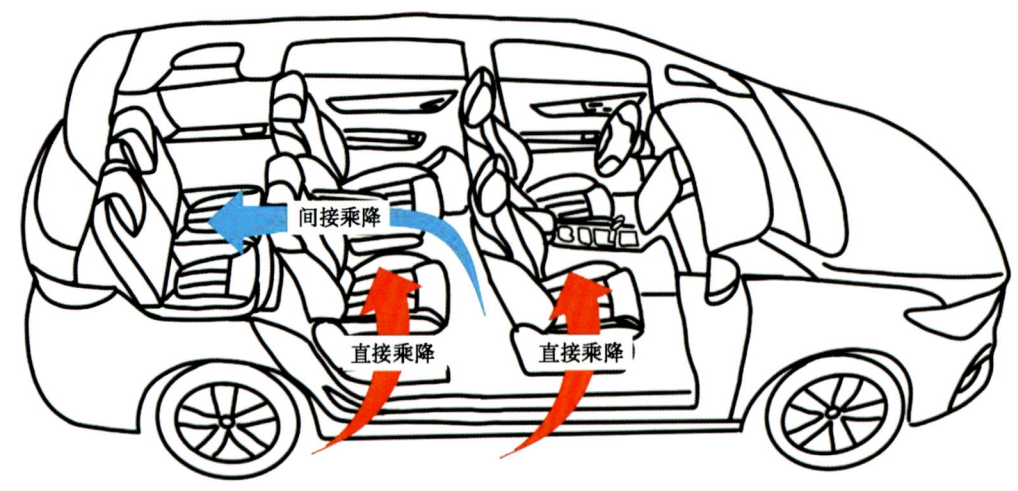

图 2-172

乘降舒适性的本质即用户从一种状态进入或撤出车内到另一种状态(见图2-173),在这个过程中用户的身体核心部位头部、臀部、腿部、膝部、手部和脚部发生了主动性或被动性的位移,而乘降舒适性评价中的核心就是判断这些身体部位位移的必要性和主观意愿性,当乘降过程中用户需要产生过多的不必要性位移且出于非主观意愿性,那么乘降舒适性将不符合用户感知的标准。

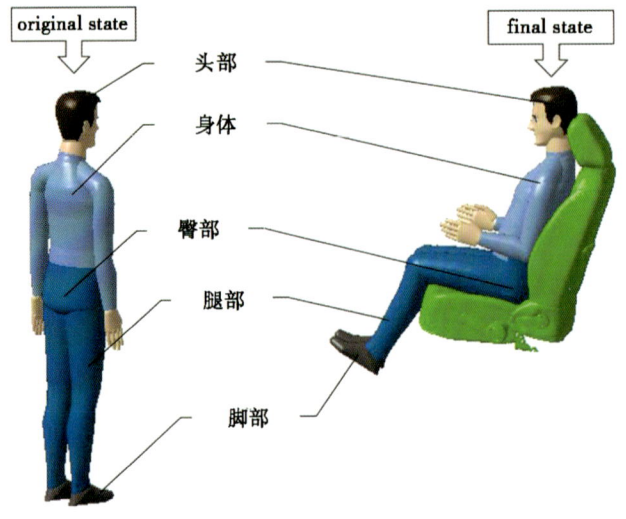

图 2-173

由于乘降舒适性评价结果受到人体尺寸的直接影响,这里依然引入四种标准分位人体作为评价等级,分别为5%女性、50%女性、50%男性和95%男性(见图2-174)。评价优先原则以其中最不利于评价结果的人体分位作为上限或下限标准(注:人体分位参数来源于catia中人体工程学模块中的中国人体测量所得)。

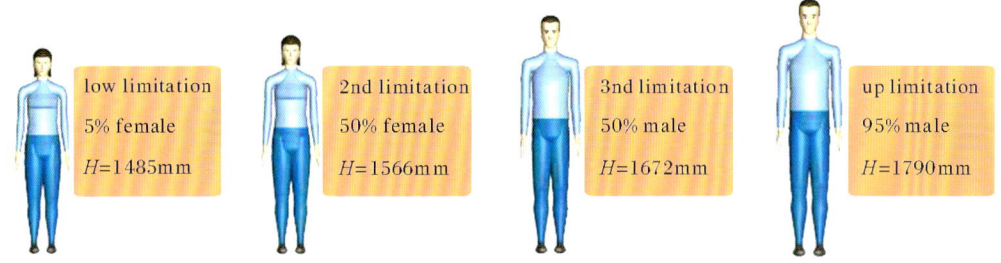

图 2-174

乘降舒适性评价需要进行标准化操作,即要使乘降步骤规范化,从而进行逐步评价。基于顾客购买心理学的感知质量体系乘降舒适性标准规定直接乘降上车步骤分为六步,分别为初始标准位置—主动脚进入—臀部进入—头部进入—被动脚进入—调整到标准坐姿(见图 2-175)。

步骤1	步骤2	步骤3
步骤4	步骤5	步骤6

图 2-175

直接乘降下车步骤分为五步,分别为初始标准位置—身体调整到下车预备位置—主动脚下车—头部下车—被动脚下车—整个身体出车站立(见图 2-176),其中的第二步身体调整到下车预备位置为非必须步骤,视具体车型和用户身体尺寸而定。

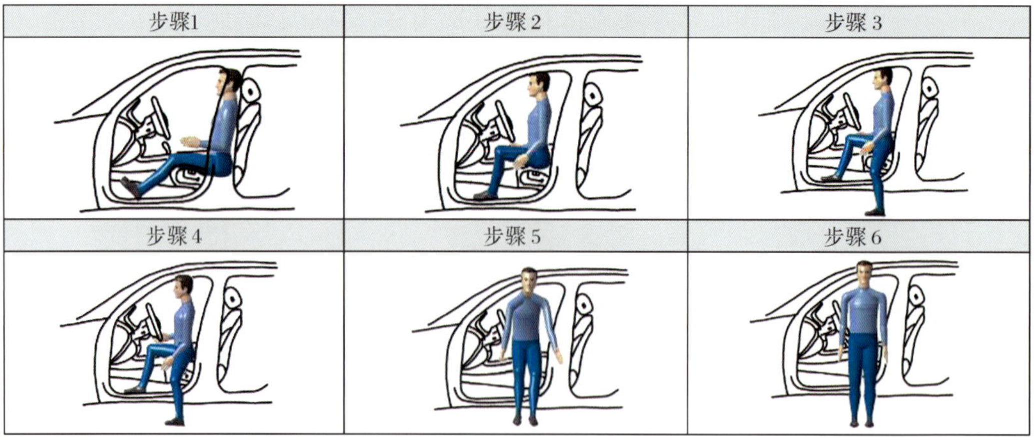

图 2-176

间接乘降上车步骤分为八步,分别为初始标准位置—主动脚进入—手部辅助动作—头部进入—被动脚进入—调整身体到向后排位移姿势—发生位移—落座并调整到标准坐姿(见图 2-177),在间接乘降上车步骤中手部辅助步骤视车型是否具备辅助把手而定,往往存在辅助把手有利于身体借力进入,可以改善间接乘降上车舒适性。

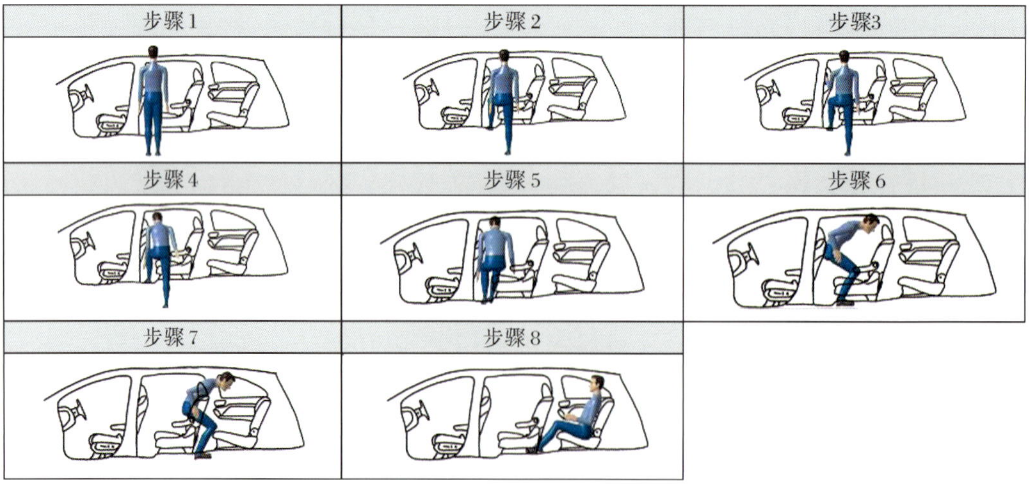

图 2-177

间接乘降下车步骤分为八步,分别为初始标准位置—调整身体到向前排位移姿势—发生位移—调整身体到下车姿势—手部辅助动作—头部出车—主动脚下车—被动脚出车并站立(见图 2-178),同样,在间接乘降下车步骤中手部辅助步骤视车型是否具备辅助把手而定,往往存在辅助把手有利于身体借力下车,可以改善间接乘降下车舒适性。

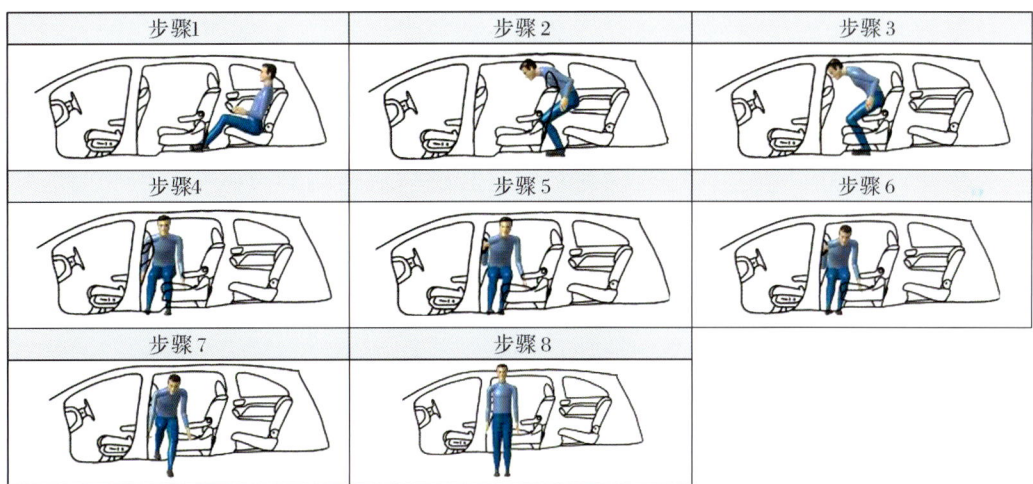

图 2-178

乘降舒适性评价即在标准乘降步骤下对用户的关键身体部位发生的位移的定量和定性的综合评价，定量性结果以不同分位标准人体进行判定，位移的定性评价包含位移重叠、位移轨迹、路径阻挡、对抗重力和多余动作五个维度（见图 2-179）。

位移重叠指用户在发生乘降动作过程中存在相关肢体的位移路径有重叠，这一重叠意味着存在多余能量的消耗，不利于改善乘降舒适性。

位移轨迹指用户在发生乘降动作过程中相关肢体的运动轨迹是否连续平滑，没有生硬的转折，即符合乘降舒适性的位移轨迹必须为单一曲线。

路径阻挡指在用户参与乘降动作的肢体发生位移的最佳路径上存在物体阻挡，迫使用户改变原有路径，路径阻挡是影响乘降舒适性最主要的因素。

对抗重力指用户在发生乘降动作过程中存在相关肢体的位移方向与重力相反，对抗重力是使用户感到不舒适的隐形因素，应该尽可能优化。

多余动作指用户在发生乘降动作过程中非主动性肢体部位为满足主动性肢体部位按照最佳路径发生位移而必须产生多余的避让动作，如脚部弯曲旋转等。

	位移(xyz)	位移重叠	位移轨迹	路径阻挡	对抗重力	多余动作
臀部（H点）	5%～95%	N	C	N	+	N
脚部	5%～95%	Y	U	Y	+	Y
头部	5%～95%	Y	U	Y	+	Y
腿部	5%～95%	N	C	N	−	N
膝部	5%～95%	N	C	N	−	N
手部	5%～95%	Y	U	Y	+	N

注：Y—Yes，N—No，C—continuous，U—Uncontinuous

图 2-179

2. 乘坐舒适性

乘坐舒适性指驾驶员或乘客在乘坐载具内(这里指汽车座椅)保持标准坐姿的状态下乘坐载具对于驾驶员或乘客体感的舒适性反馈,这种舒适性的体感反馈包含座椅尺寸、软硬感、支撑感、包裹感和贴合感。量产化的产品乘坐舒适性是以能维持驾驶员或乘客的初始设计标准坐姿为基础,并且追求的是符合更多不同人体分位的舒适性体感。这里,引入人体工程四种分位阶梯标准(见图 2-180),其中包含了人体的身高尺寸和体重两个重要参数。

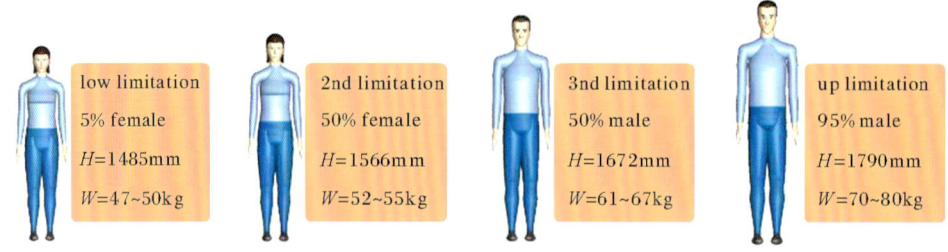

图 2-180

(1)座椅尺寸。座椅尺寸作为乘坐舒适性评价的首要维度,其原因在于座椅本身作为一种乘员载具,必须具备足够的承载能力,即座椅本身的尺寸空间,容纳不同体型的人体完全落入座椅之中,在此基础上方可进行其他维度的评价。座椅尺寸的评价原理以不同分为人体头部、身体和臀腿的投影面积作为座椅头枕、靠背和座垫尺寸的标准,按照座椅头枕、靠背和座垫满足人体对应部位尺寸的区域不同,座椅尺寸又分为人体随型尺寸和座椅整体尺寸(见图 2-181)。对于乘坐舒适性座椅尺寸的评价按照人体四种分位标准从大到小依次降档,即座椅尺寸必须优先满足 95% 分位人体投影尺寸,其次,乘坐舒适性座椅尺寸符合人体投影尺寸的人体随型尺寸评价结果优于座椅整体尺寸评价结果。

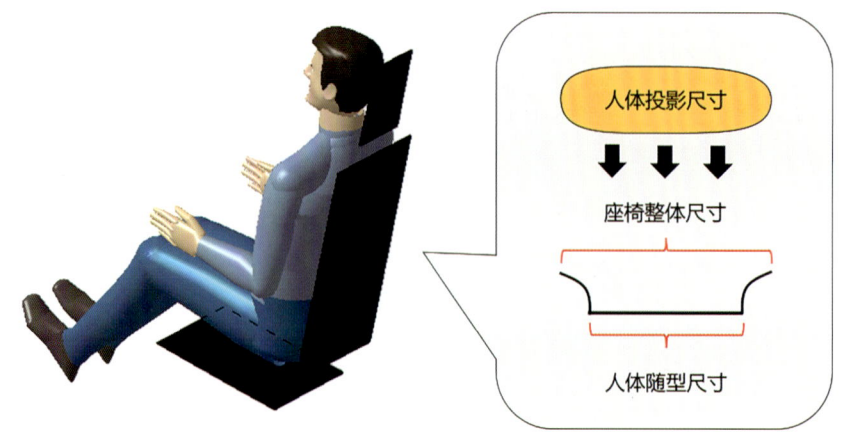

图 2-181

人体投影尺寸与座椅尺寸的合格关系包括三种：人体投影尺寸＝人体随型尺寸、人体随型尺寸＜人体投影尺寸＜整体座椅尺寸、人体投影尺寸＝整体座椅尺寸（见图2-182）。按照乘坐舒适性的人体体感随型原理，即座椅提供承载用户的专属部分应符合人体工程学，因此，人体投影尺寸＝人体随型尺寸为乘坐舒适性座椅尺寸最优标准，其次，人体随型尺寸＜人体投影尺寸＜整体座椅尺寸为次标准，最低标准即人体投影尺寸＝整体座椅尺寸，无人体随型部分，或整体为人体随型部分，但缺少了提供包裹感的侧翼部分。

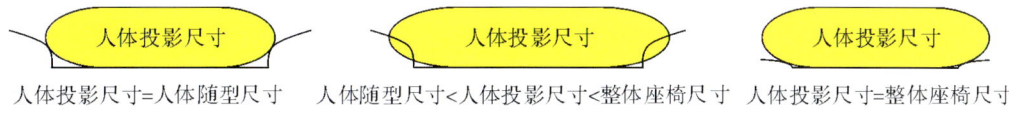

人体投影尺寸=人体随型尺寸　　人体随型尺寸<人体投影尺寸<整体座椅尺寸　　人体投影尺寸=整体座椅尺寸

图 2-182

人体投影尺寸与座椅尺寸的不合格关系包括两种：人体随型尺寸＜人体投影尺寸＜整体座椅尺寸和人体投影尺寸＞整体座椅尺寸（见图2-183），其中人体投影尺寸介于人体随型尺寸和整体座椅尺寸之间的关系同时不满足人体中间部位无法贴合座椅随型中间部位，即相互产生离空问题。

人体随型尺寸<人体投影尺寸<整体座椅尺寸　　人体投影尺寸>整体座椅尺寸

图 2-183

（2）软硬感。乘坐舒适性座椅软硬感，又称软硬度，指驾驶员或乘客在乘坐载具内（这里指汽车座椅）保持标准坐姿的状态下乘坐载具通过自身压缩形变来吸收乘客的重力势能和动能的能力，这种能力影响着用户乘坐舒适性的第一印象，当座椅通过自身压缩形变吸收乘客带来的能量越多，座椅反馈给乘客身体的压迫感越少，也就是我们常说的硬度较小。座椅的软硬度用座椅自身的压陷量作为评价指标，一般来讲，座椅的硬度在允许的范围内越小舒适性越好，但实际上并非压陷量越大越好，当为了追求足够大的压陷量而失去了硬支撑的空间造成软支撑不足时，容易造成坐姿"失重"问题，如运动型汽车座椅就需要保证一定的硬度以避免驾驶员坐姿失重的问题，而商务型汽车座椅追求极致舒适感的第一印象，那么较大的压陷量则成为必需（见图2-184）。

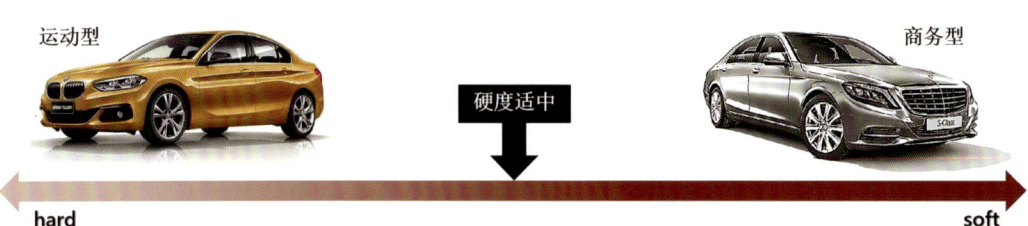

	主观感受	对标车压缩量	发泡密度	座椅位置
运动型	硬	小	大	驾驶员位置
家用型/代步型……	适中	适中	适中	无明确区分
商务型	软	大	小	后排座椅

图 2-184

乘坐舒适性座椅软硬度的压陷量评价指标是与乘客的身形体重直接关联，因此，这里我们依然引入标准四种分位人体作为评价标准等级（见图 2-180）。乘坐舒适性座椅软硬度的评价依托于人体的关键部位的体感反馈，即乘客的硬点部位，包含头部、背部、腰部、臀部和大腿部，这些部位的位置起着维持标准坐姿的重要作用，同样也作为感知座椅反馈压迫感的最集中部位，因此，乘坐舒适性座椅软硬度的评价内容即座椅上与乘客对应人体关键硬点位置的压陷量，按照座椅产品的结构特性以及不同人体乘坐所需的能量吸收程度统计出了乘客标准坐姿下关键硬点部位对应的压陷量范围（见图 2-185），其中，背部压陷量 C_1 范围在 10～50mm，腰部压陷量 C_2 范围在 5～25mm，臀部靠背法向压陷量 C_3 范围在 15～40mm，臀部重力方向压陷量 C_4 范围在 30～60mm，腿部压陷量 C_5 范围在 15～50mm。

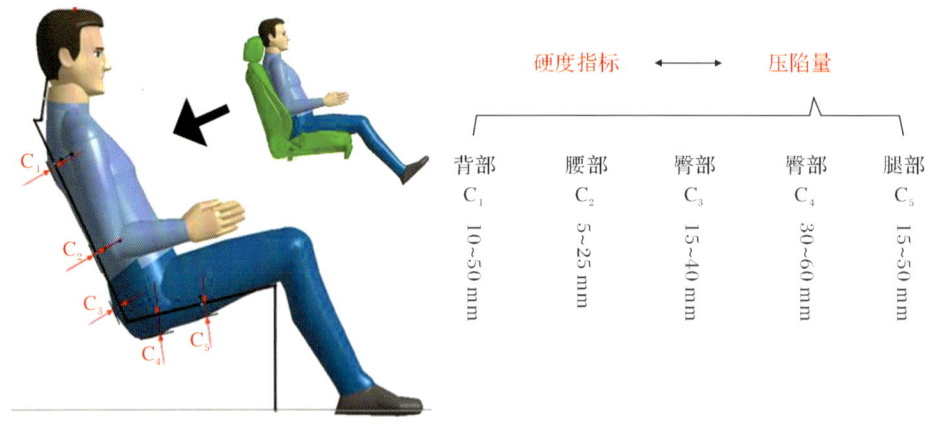

图 2-185

乘坐舒适性座椅软硬度的压陷量评价标准属于定量性标准，这里通过引入标准四种分位人体作为定性标准等级结合压陷量自身定量程度综合评判，如图2-186，根据上文统计出的整体压陷量范围在5～60mm之间，这里将其划分为四档，每档对应不同分位人体，即依次为5％女性、50％女性、50％男性和95％男性，按照压陷量与人体分位的关系，即大分位人体需要更大压陷量吸收能量，小分位人体需要较少压陷量吸收能量，因此，这里将5％女性压陷量作为软度下限，95％男性压陷量作为硬度下限，即当5％女性用户的压陷量视为该座椅的最小吸能指标，95％男性用户的压陷量视为该座椅的最大吸能指标，按照最小吸能指标和最大吸能指标的降落区间即可判断该座椅的软硬度等级，如5％女性用户的压陷量降落于常规标准50％女性用户的压陷量区间，则该座椅的软度加成、硬度减持；反之，当95％男性用户的压陷量降落于常规标准50％男性用户的压陷量区间，则该座椅硬度加成、软度减持。

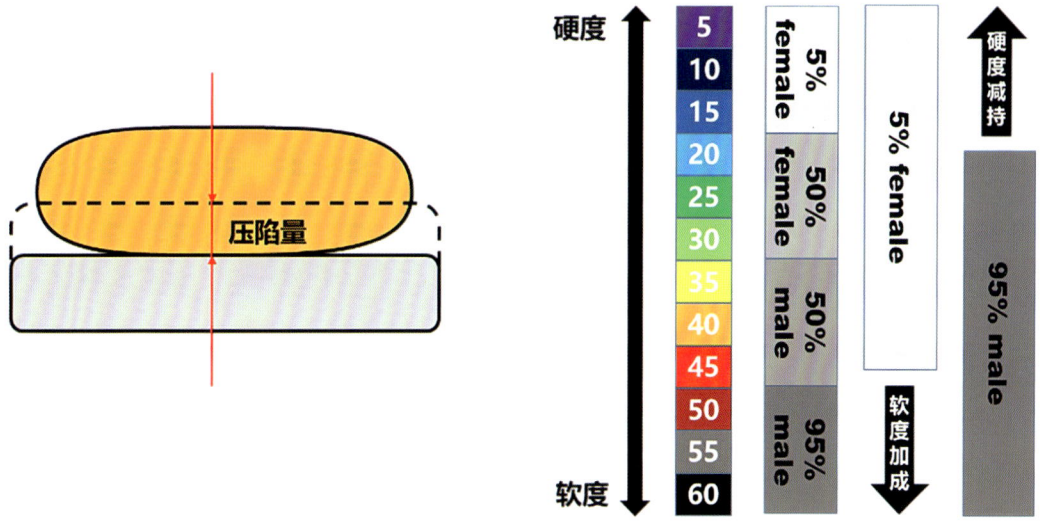

图 2-186

（3）支撑感。乘坐舒适性座椅支撑感指驾驶员或乘客在乘坐载具内（这里指汽车座椅）受到座椅提供给人体关键硬点部位反向支撑从而确保人体标准坐姿不变形的能力，支撑度的强弱直接影响着用户的乘坐安全和驾驶疲劳感。乘坐舒适性座椅支撑感的评价指标为用户在标准坐姿状态下增加过载后的身体关键硬点部位发生的位移量（见图2-187），这里所说的增加过载指身体植入座椅中受到时间积累或突发外力的情况，如较长时间的乘坐或因加速产生的超重导致的乘客身体向座椅过分挤压，这种挤压造成了身体位移会导致乘客的标准坐姿受到影响，从而造成乘坐舒适性的不良环境。

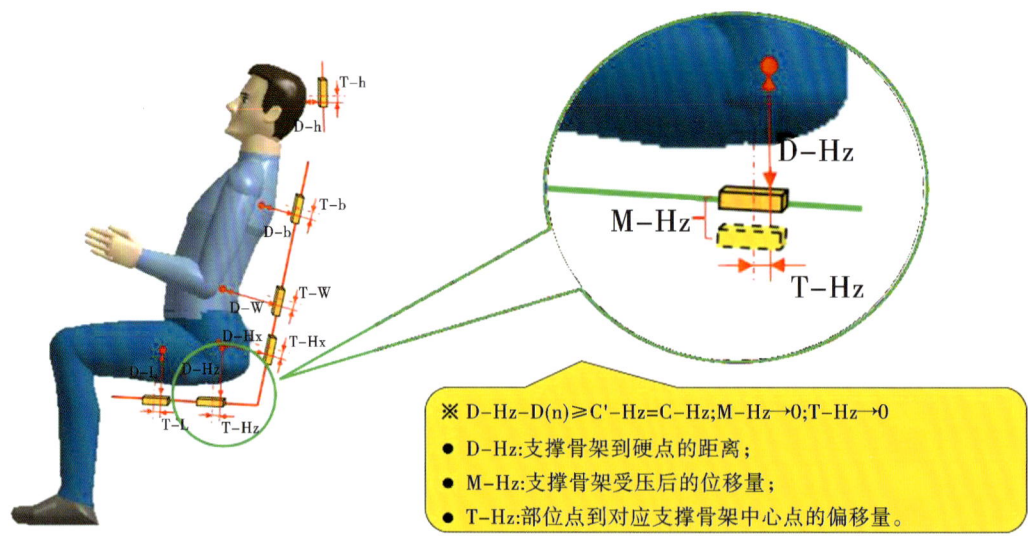

※ $D\text{-}Hz - D(n) \geq C'\text{-}Hz = C\text{-}Hz; M\text{-}Hz \rightarrow 0; T\text{-}Hz \rightarrow 0$
- D-Hz：支撑骨架到硬点的距离；
- M-Hz：支撑骨架受压后的位移量；
- T-Hz：部位点到对应支撑骨架中心点的偏移量。

图 2-187

乘坐舒适性座椅支撑感按照支撑结构分为软支撑和硬支撑（见图 2-188），软支撑指提供支撑度的结构为软质弹性材质，如线弹簧、双密度海绵等，这类支撑结构靠本身的形变极限提供反向支撑感，根据受载的程度不同，支撑度也随之变化，属于非绝对支撑；硬支撑指提供支撑度的结构为刚性材质，如压铸钢板，这类支撑结构靠本身的刚度提供反向支撑感，不会受加载程度的影响，属于绝对支撑。乘坐舒适性座椅支撑度的评价中绝对支撑优于非绝对支撑。

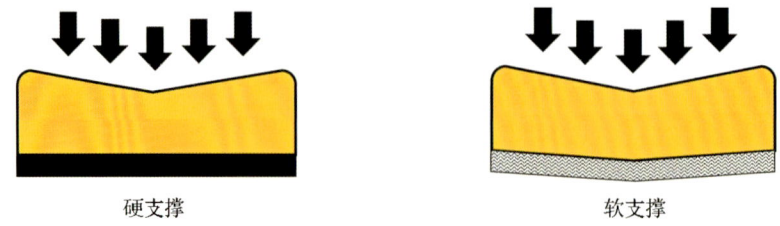

硬支撑　　　　　　　软支撑

图 2-188

乘坐舒适性座椅支撑感按照支撑区域可以分为线支撑和面支撑（见图 2-189），线支撑指仅在特定位置提供了软支撑或硬支撑，不能适应不同人体硬点对支撑度的需求，而面支撑指与人体接触随型部分区域均存在软支撑或硬支撑，可以适应不同人体硬点对支撑度的需求。乘坐舒适性座椅支撑度的评价中面支撑优于线支撑。

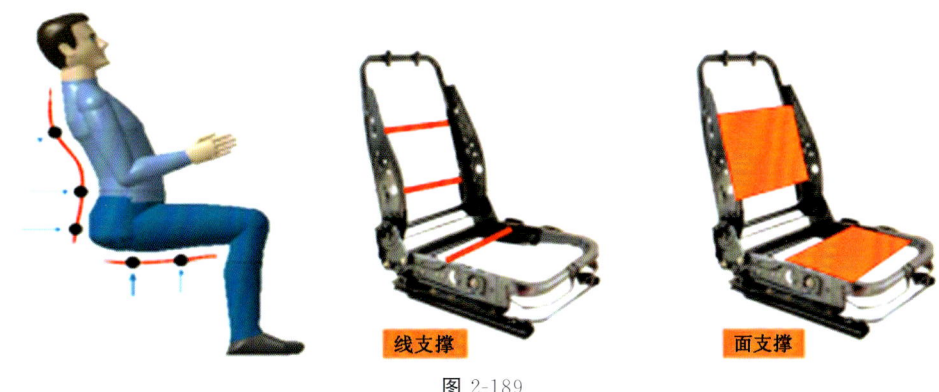

图 2-189

乘坐舒适性座椅支撑感的人体位移量评价标准属于定量性标准，这里同样通过引入标准四种分位人体作为定性标准等级结合压陷量自身定量程度综合评判，如图 2-190，这里统计出的常规位移量范围在 1~20mm 之间，这里将其划分为四档，每档对应不同分位人体，即依次为 5％女性、50％女性、50％男性和 95％男性，按照位移量与人体分位的关系，即大分位人体产生更大身体位移量，小分位人体产生较少身体位移量，因此，这里将 5％女性的身体位移量作为支撑度下限，95％男性的身体位移量作为支撑度上限，即把 5％女性用户的身体位移量视为座椅支撑的最小位移指标，95％男性用户的身体位移量视为座椅支撑的最大位移指标，按照最小位移指标和最大位移指标的降落区间即可判断该座椅的支撑度等级，如 5％女性用户的身体位移量降落于常规标准 50％女性用户的身体位移量区间，则该座椅存在支撑不足问题；反之，当 95％男性用户的身体位移量降落于常规标准 50％男性用户的身体位移量区间，则该座椅存在支撑过度问题。

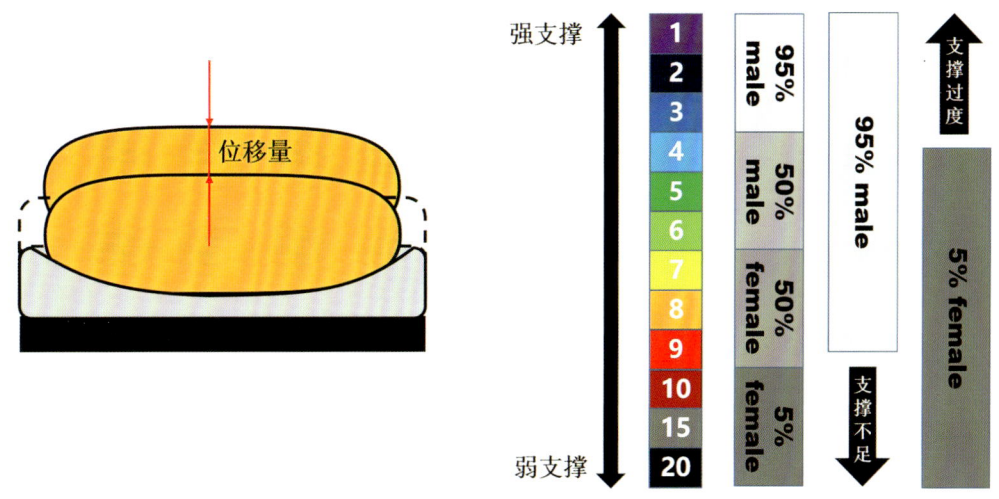

图 2-190

（4）包裹感

乘坐舒适性座椅包裹感指在车身侧倾极限工况下,用来维持驾驶员和乘客的固定坐姿,使躯体不偏移座椅正常乘坐位置的能力(见图2-191),座椅的包裹感可以分解为座椅两翼提供的侧面支撑感和硬度,由于人体结构存在对称性,因此座椅包裹感也必须符合对称性。

图 2-191

乘坐舒适性座椅包裹感的评价包括包裹感的广度和强度(见图2-192),广度指对乘客身体包裹的范围,决定着乘客身体的被包裹程度;强度指包裹感在极限工况下能提供的反向支撑能力从而决定乘客标准坐姿不变性的关键。包裹感强度可以分解为侧面的支撑感,因此,包裹感强度评价可以参考支撑感评价标准。

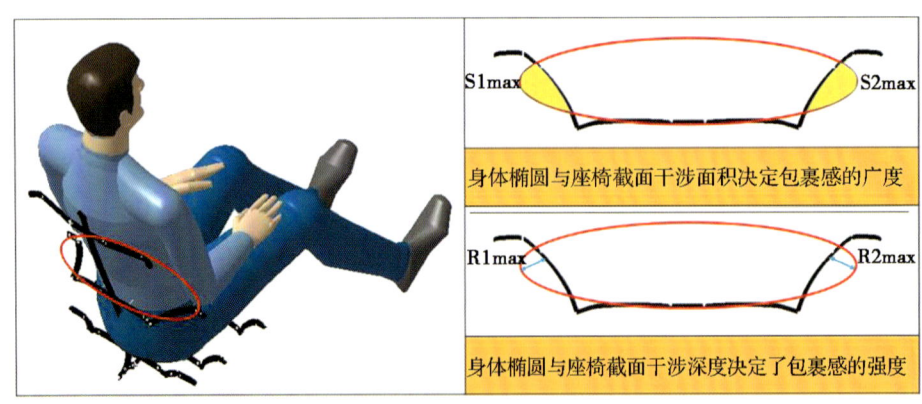

图 2-192

包裹感广度受人体尺寸的影响,这里以标准干涉面积为包裹感广度的基础单位,当标准干涉面积符合95%男性身体的包裹感时,则该座椅的包裹感为最高等级,反之,当标准干涉面积仅符合5%女性身体的包裹感时,则该座椅的包裹感为最低等级(见图2-193);当存在越级包裹时,便会产生包裹不足或包裹过度等问题。

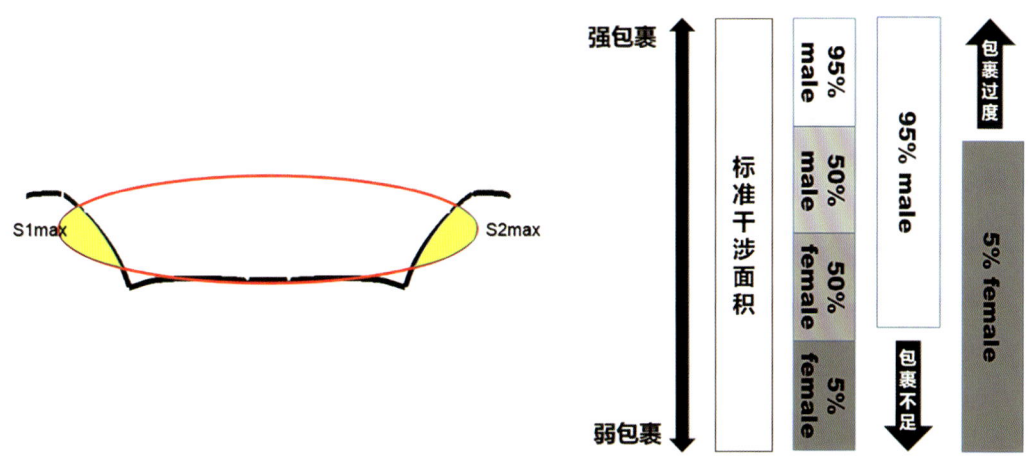

图 2-193

乘坐舒适性座椅包裹感的对称性指人体对称部位受到的包裹广度和强度需保持一致,不对称的包裹感会使乘客发生定向位移,同时,固有的不对称性包裹感会造成乘坐舒适性的缺陷(见图 2-194)。

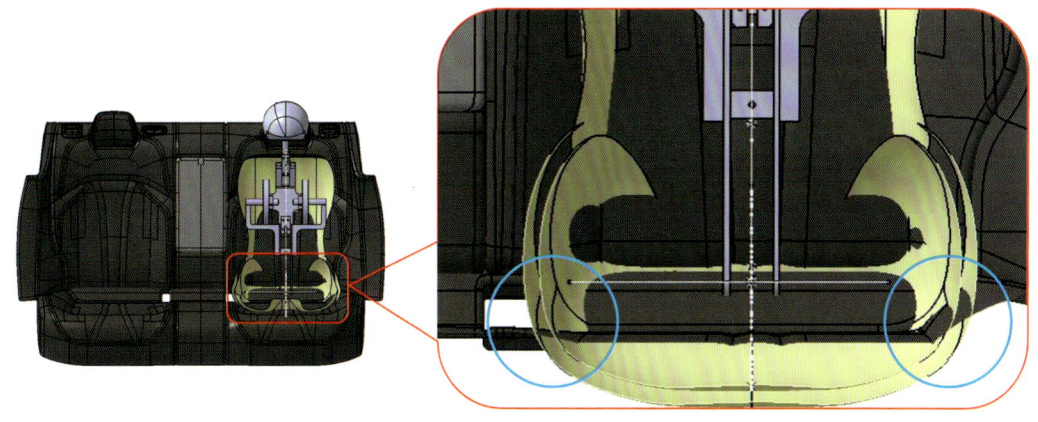

图 2-194

(5)贴合感

乘坐舒适性座椅贴合感指座椅与乘客身体表面接触的受压程度,属于乘坐舒适性的重要评价指标,座椅贴合感的好坏影响着非身体硬点部位的舒适性。乘坐舒适性座椅贴合感是通过身体与座椅接触部位的反向支撑力体现的,舒适性较好的座椅支撑反力应呈均匀线性分布,避免突变。因此,座椅贴合感的评价指标为体压分布,体压分布评价的标准:①避免高压迫区域的出现,导致客户身体局部产生不适感;②避免乘客身体投影区域存在悬空,导致座椅反馈用户身体贴合感的离散;③体压分布变化应均匀,且相邻压迫区域的分布应连续(见图 2-195)。

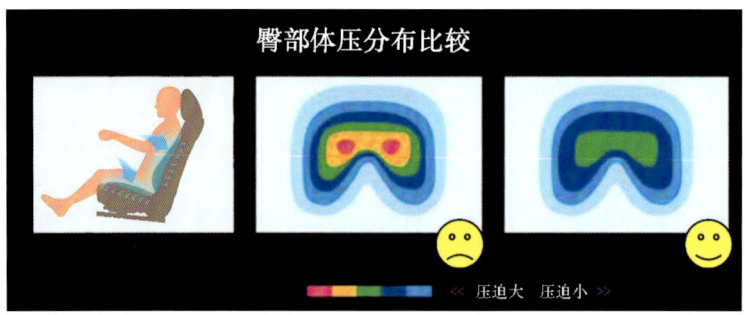

图 2-195

(6) 乘坐舒适感缺陷

乘坐舒适感缺陷性质等同于触感缺陷,即用户的身体部位接触座椅所产生的身体触感的缺陷反馈,这些触感缺陷包括乘坐触感一致性缺陷、乘坐异物感、乘坐后非受力方向的移动和乘坐空鼓感。

乘坐触感一致性缺陷指用户乘坐时接触座椅的身体部位的体感反馈存在区域性差异,这种差异由设计几何形体或造型的工艺缺陷导致。乘坐触感一致性缺陷这里仅指表面形体触感一致性缺陷,表面形体乘坐触感一致性缺陷又按照乘客身体部位接触到的材质成分分为单材质触感一致性缺陷和多材质触感一致性缺陷(见图 2-196)。

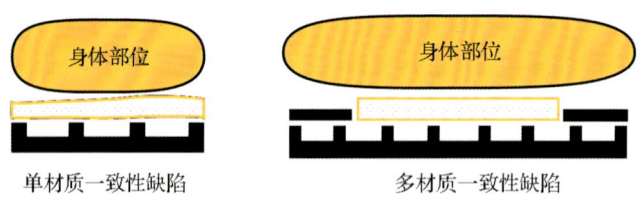

图 2-196

乘坐触感缺陷异物感指用户乘坐时接触座椅表面的身体部位感知到所接触的部分存在影响设计触感的多余物体元素,按照多余物体元素的位置不同可以将异物感分为基材异物感和表皮异物感两种类型(见图 2-197)。而影响异物感严重度的因素为多余物体的硬度和大小,同样的硬度和大小的多余物体,触感缺陷异物感的严重度基材异物感要略优于表皮异物感。

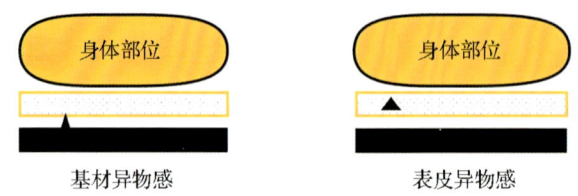

图 2-197

乘坐触感缺陷非受力方向的移动指用户乘坐时身体接触到的座椅表面的软质表皮在动作过程中存在与基材的相对运动，运动方向为非受力方向（如图2-198）。

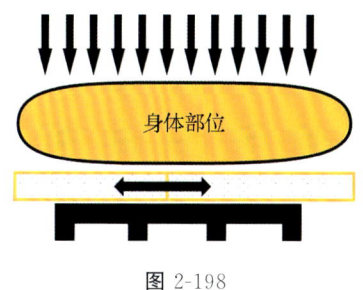

图 2-198

乘坐触感缺陷空鼓感指用户乘坐时身体接触到的座椅表面的软质表皮与基材之间存在较大的空间缝隙（见图 2-199），这种空间缝隙严重影响用户乘坐时的舒适感评价。

图 2-199

3. 空间舒适性

空间舒适性指用户在驾驶舱或乘员舱内所处的空间大小所能满足用户身体各部位完成一定程度的自由活动以及感受不到因空间带来压迫感的能力，这里所说的一定程度的自由活动指用户身体各部位在其舒适活动区间进行的局部调整动作，用来缓解因长时间保持固定标准坐姿带来的不舒适感，而空间压迫感指因为用户身体各部位所处的实际空间远小于用户心理的预期空间而造成的用户心理的局促感，这种局促感容易使用户对产品产生廉价的印象。由于空间感的评价受到人体尺寸的直接影响，因此，这里依然引入标准四种分位的人体尺寸等级（见图 2-200），按照空间满足大分位人体的优先原则，将95％男性所需空间设定为最高标准，5％女性所需空间设定为最低标准，50％女性和50％男性所需空间分别为第三和第二等级。

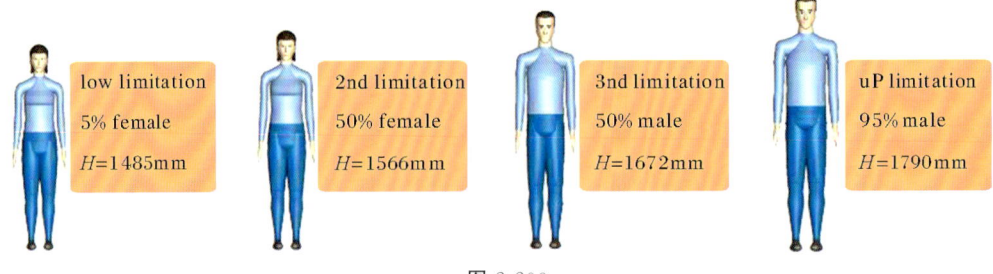

图 2-200

空间舒适性按照与用户的位置关系分为接触空间舒适性和非接触空间舒适性(见图 2-201)。接触空间指与用户身体部位直接产生接触而使用户感知到的空间区域,如扶手肘托、歇脚板,接触空间的评价指标包含空间的区域面积和空间的人机位置;非接触空间指用户身体部位置于其中的受周围环境围绕形成的三维立体空间,又叫包络空间,如头部空间、肩部空间、腿部空间和脚部空间。非接触空间的评价指标为绝对空间的大小,按照空间维度划分为单维度空间和多维度空间(三维空间)。

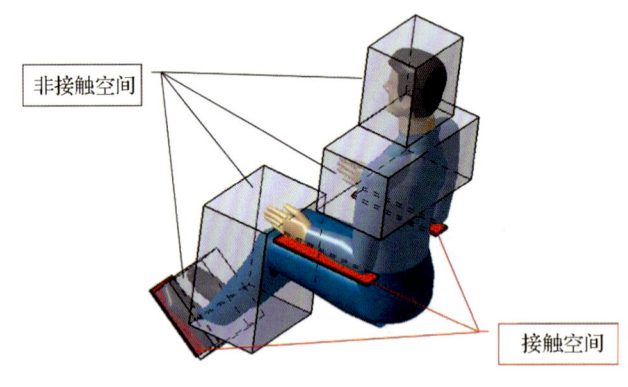

图 2-201

空间舒适性大小定量评价标准按照满足不同人体分位尺寸的空间大小设定,根据空间满足大尺寸人体的优先原则,95%男性的标准舒适空间定义为其对应部位活动范围在 30°内所需的空间大小。如头部所需的包络空间在 C-C 向上为头部左右摆动 15°所需空间,U-D 向外以膝关节为转轴,大腿向上转动 15°所需的头部空间。依次可以相继得到其他标准分位人体所需的标准舒适空间,按照分级原则不同分位人体所需的标准舒适空间应与对应分位人体保持一致。当产生越级空间符合特性,如 95%男性用户乘坐时实际空间为 50%男性标准舒适空间,则产生空间不足问题;反之,当 5%女性用户乘坐时实际空间为 95%男性标准舒适空间,则表明空间过于富裕(见图 2-202)。接触空间区域面积评价原理与空间大小定量性评价方法一致,这里需要说明接触空间区域面积指用户标准坐姿下对应身体部位活动范围在 30°内的投影面积,也可称为接触空间的标准舒适面积,如肘部空间即以肘关节为转轴,手臂转动 30°的区域范围所对应的投影面积。

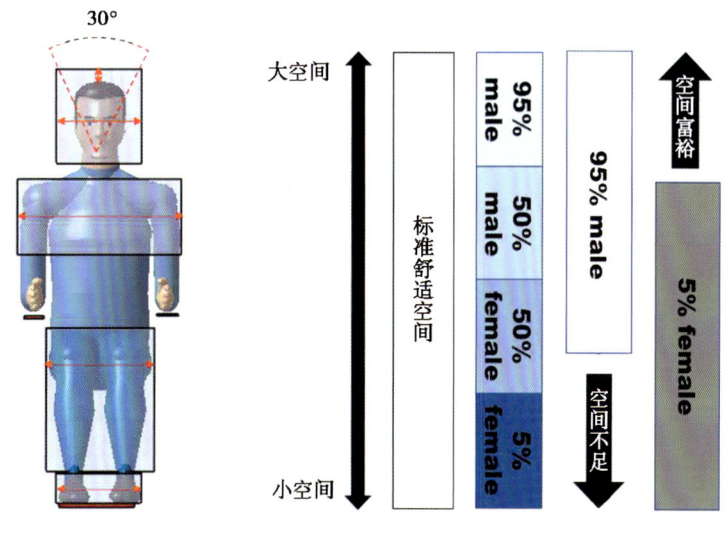

图 2-202

接触空间的人机位置指用户在标准坐姿状态下身体部位与所需接触的空间位置关系,按照人机位置的性质将其分为空间位置和空间角度。空间位置指接触空间的空间位置与人体部位投影所需的标准舒适面积的相对位置符合关系(见图 2-203),这种符合关系分为位置符合或位置错位。

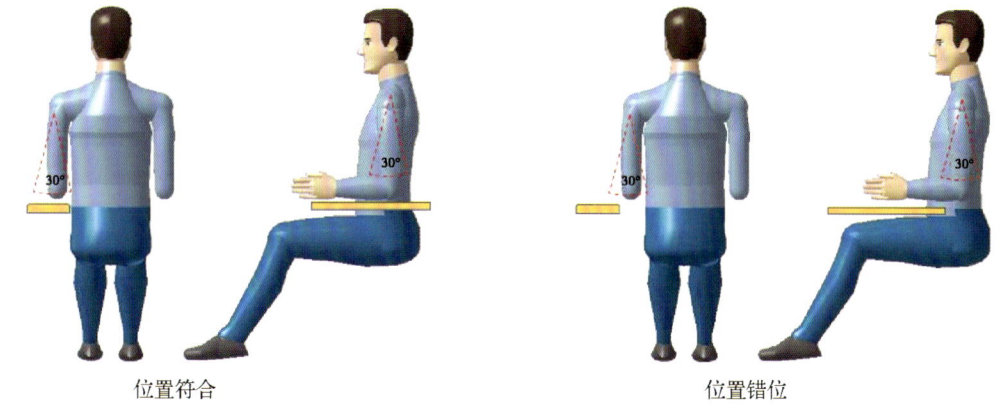

图 2-203

空间角度指接触空间的自身角度与用户身体部位的舒适活动角度的相符性,这里所说的用户身体部位的舒适活动角度指在该范围内任一状态下人体部位感知到的接触空间反馈的支撑相同,不需要用户输入额外能量以维持肢体的平衡。

因此，空间角度的符合性分为角度符合和角度错位（见图2-204）。

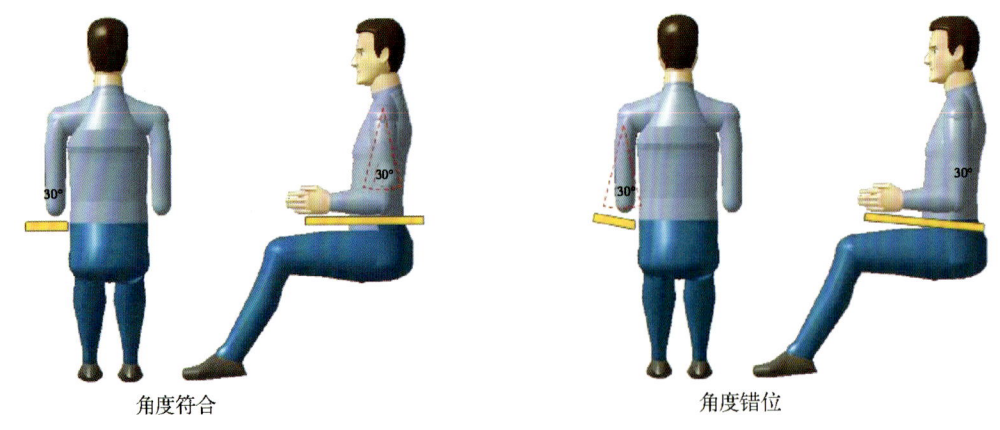

角度符合　　　　　　　　　　　　　　角度错位

图 2-204

空间舒适性的评价需同时考虑个体空间舒适性和满载空间舒适性。个体空间舒适性指独立乘客自身所感知到的空间舒适性；满载空间舒适性指车内全员负荷状态下所有乘客所感知到的空间舒适性，这里存在一定的关联影响性，如前排对于后排的腿部空间影响、后排两侧乘客对于彼此肩部的空间影响（见图2-205）。满载空间舒适性的评价方法与个体空间舒适性评价方法一致，仅存在根据车型定位不同，前、后排乘客的空间感知权重不同，如商务车型后排乘客空间感知权重更高，运动车型前排乘客空间感知权重则更高。

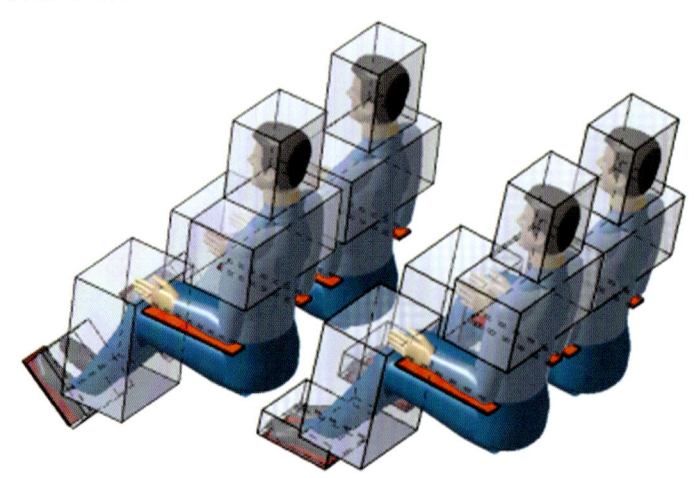

图 2-205

4. 温度舒适性

温度舒适性指用户在车内感知到的因空间或接触件温度的变化而产生的体感冷热反馈，这种冷热反馈本质上是能量的流动，用来维持用户体表温度的稳定以达到用户体感的舒适性。温度舒适性分为接触温度舒适性和空间温度舒适性。接触温度舒适性指用户接触到的产品表面的温度变化影响到用户体表的温度感知变化能力，如方向盘、座椅等；空间温度舒适性指用户所处的车内空间的温度变化影响到用户体表的温度感知的变化能力，如车内空调（见图2-206）。

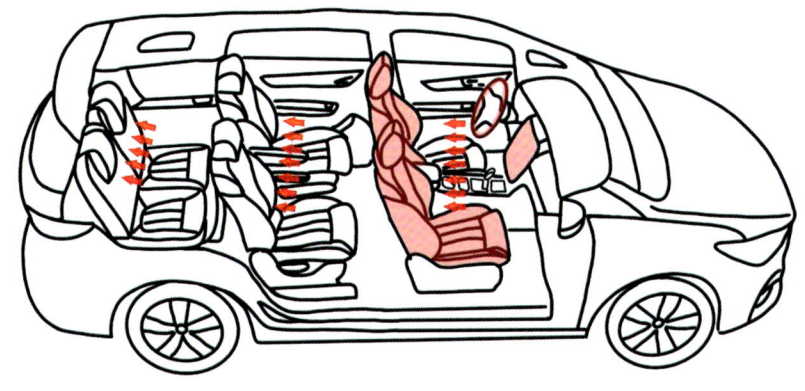

图 2-206

接触温度舒适性按照产生温度变化的原因分为设计接触温度变化和非设计接触温度变化。设计接触温度变化指产品表面的温度变化属于用户指向性感知需求，为满足用户的接触体感的温度舒适性要求通过功能设计达成，如方向盘加热、座椅加热等；非设计接触温度变化指产品表面的温度变化是由于内部机械或电子机构为其他具备一定特殊功能的产品提供能耗而导致用户接触表面被动发热造成的温度变化，如化妆镜灯、中控显示屏等，非设计接触温度变化属于接触温度舒适性缺陷，应尽可能避免。

空间温度舒适性按照温度变化的原因同样分为设计空间温度变化和非设计空间温度变化。设计空间温度变化指由随车空调作用后主动性对车内空间温度的改变程度；非设计空间温度变化指当随车空调未作用时车内空间温度因外界温度的改变而被动改变的程度，外界温度的变化源包括室外温度、发动机舱温度以及车内电子元件的温度变化。

温度舒适性的感知评价内容包括温度变化速度、极限温度和温度的均匀性。温度变化速度指接触性温度或空间温度从初始温度状态变化到用户设定或感知舒适的温度状态所需的时间长短，对于温度变化速度的评价本质属于能量流动速率的评价，因此，必须保证初始温度状态和温度变化方式一致，如空调的温变模式。按照用户所需的舒适温度设定目标温度值和确定相同位置作为舒适性温度变化速度的测试点，如乘客面部、脚部或手部。最终根据温度舒适性温度变化表可以得到相对温变所需时间(见图2-207),这里的温变时间属于基于顾客购买心理学的感知质量体系标准中的定量型标准,因此使用正态分布法进行设档。

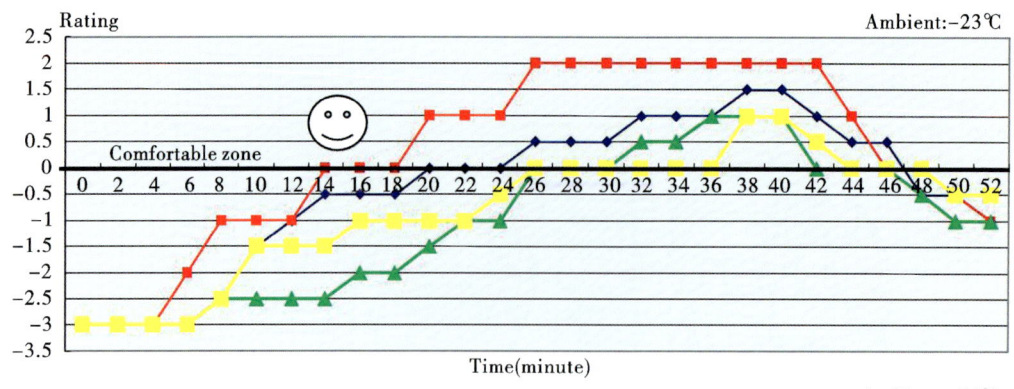

图 2-207

温度舒适性极限温度的评价本质是用户在特定温度环境下体表舒适温度的极限值与外界温度的容差,这种容差并非人体的忍耐极限,而是在该特定环境下造成用户体表对温度不舒适的临界值。当外界温度高于用户体表的温度极限值时,用户体表舒适温度区间的上限即为极限温度下限,按照人体对高温温度变化的感知范围为2~3℃,高温的极限温度为38℃。当外界温度低于用户体表的温度极限值时,用户体表舒适温度区间的下限即为极限温度的上限,按照人体对低温温度变化的感知范围为5~7℃,低温的极限温度为18℃。

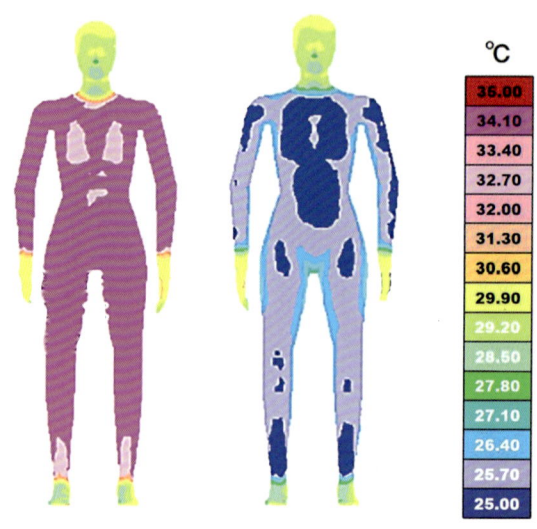

图 2-208

温度的均匀性指用户体表不同部位感知到的温度变化的一致性,这种一致性更多的强调温度变化感知的对称性,即用户身体的左右侧必须得到相同的外界能量输入,从而确保体表感知温度的均匀一致性。温度均匀性的评价内容即用户身体部位的温度一致性程度,分为单个用户身体部位温度均匀性和满载用户个体温度均匀性。单个用户身体部位温度均匀性按照均匀性等级又分为整体温度均匀、上下温度均匀、左右温度均匀和温度不均匀(见图2-209)。

  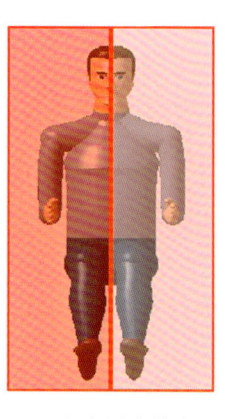 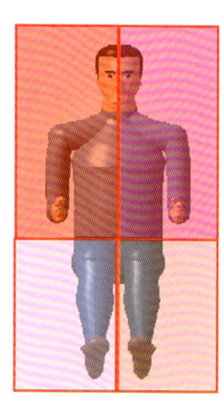

整体温度均匀　　　　上下温度均匀　　　　左右温度均匀　　　　温度不均匀

图 2-209

满载用户个体温度均匀性按照均匀性等级又分为整体温度均匀、前后排温度均匀、左右侧温度均匀和温度不均匀(见图2-210)。

 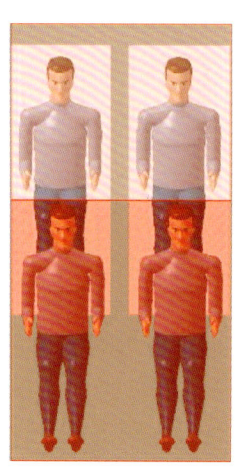  

整体温度均匀　　　　前后排温度均匀　　　　左右侧温度均匀　　　　温度不均匀

图 2-210

六、安全性体验

安全性体验属性同舒适性体验,属于用户在经历本能和行为反应体验并获取了基础感知信息后进一步与整车交互产生的深层次感知回馈,这种回馈是一种从表象生理感知逐步到心理深层反思的过渡意识。安全性的过渡意识是一种用户更为需要的内心感知,直接影响着用户对产品的购买欲,安全性体验这里着重讲解视野安全性。

视野安全性,指用户通过视觉感知维度获取的整车周围或车内影响行驶安全的环境信息量的程度,按照视野获取的方式将视野分为直接视野和间接视野(见图 2-211),红色区域为直接视野区,蓝色区域为间接视野区。直接视野指用户获取视野的方式为车内用户通过自身视觉感知直接获取的车外三维空间环境信息,如前方视野、侧方视野和仪表视野;间接视野指用户获取视野的方式为车内用户通过电子或机械反光成像机构间接获取的车外的平面环境图像信息,如后方视野和侧后方视野。视野安全性核心本质追求的是用户在标准坐姿下可获取最大程度的视觉信息,因此,驾驶员或乘客获得最佳视野安全性的视角为第三视角或称为上帝视角,即以车内第一人称位置获取车外第三旁观者的视角信息为视野安全性的最佳效果。

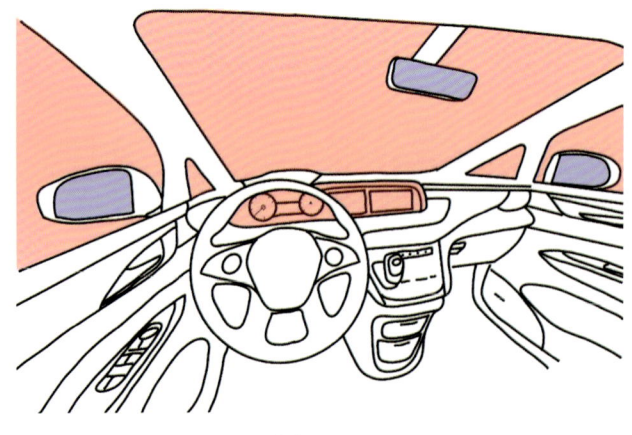

图 2-211

视野安全性是一个综合因素的评价属性,是视野位置和视野质量的结合产物,视野位置如上分为直接视野和间接视野。视野质量的评价维度分为可视性、干扰性和遮挡性,可视性指用户在车内通过视觉感知获取的可视信息的范围以及获取该可视信息的人机方式,可视性评价内容包含可视范围和可视(人机)方式;干扰性指用户在车内获取可视信息的视觉线路上存在视线可穿越性的阻挡元素或视觉线路外存在吸引用户视线的高视觉权重元素,如反光、投影或高光装饰件等,干扰性评价内容包含视野内干扰性和视野外干扰性;遮挡性指用户获取可视信息的视线路径上存在视线不可穿越的阻挡元素,如非透明部件,遮挡性评价内容包含遮挡率、遮挡元素和遮挡场景。由于可视性中可视范围属于定量性评价指标且与汽车行驶安全法规相关,因此,在后文相关评价标准中均以符合法规要求作为基于顾客购买心理学的感知质量体系视野安全性的合格标准档,优于法规要求水平定义为优秀标准档,低于法规要求水平定义为失望标准档,视野安全性标准按照定性标准的性质评价无卓越档和绝望档。下面结合视野位置和视野质量分别进行视野安全性的评价说明。

直接视野前方视野按照视野的位置方向又分为上方视野、下方视野、驾驶员侧 A 柱视野和副驾驶员侧 A 柱视野。上方视野指用户通过前挡风玻璃获取的车辆前部上方的环境信息,下方视野指用户通过前挡风玻璃获取的车辆前部下方的环境信息。驾驶员侧 A 柱视野指用户通过驾驶员侧 A 柱两侧可视区域获取的前方驾驶员侧的环境信息,副驾驶员侧 A 柱视野指用户通过副驾驶员侧 A 柱两侧可视区域获取的前方副驾驶员侧的环境信息。

直接视野前方视野可视性需通过特定场合进行定性评价,基于顾客购买心理学的感知质量体系将前方视野特定场合定为"红绿灯法"与"斑马线法"的结合场景如图 2-212 所示。即车辆停止在距离斑马线 3m 的位置进行评价前部斑马线与右前方的红绿灯。斑马线按照国家法规要求宽度为 3～5m 的间隔长方形间隔区域,这里取宽度下限 3m 宽为评价下视野的斑马线宽度标准;红绿灯位置为右前方斑马线末端位置,即行人右手侧,按照国家法规要求红绿灯高度为 6～7.5m,这里取高度上限 7.5m 高作为评价上视野的红绿灯高度标准。

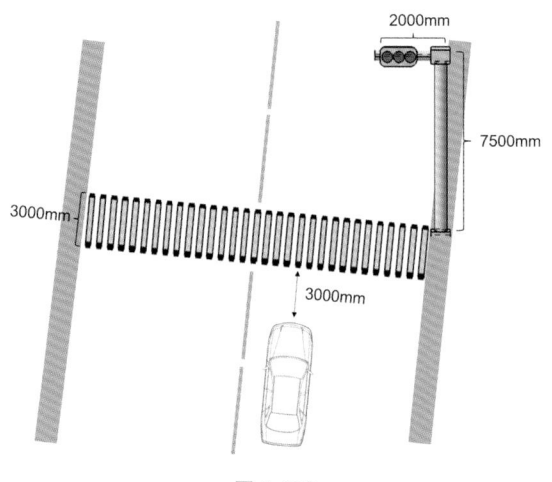

图 2-212

直接视野上方视野可视性评价基于"红绿灯法"得到定性评价标准依次为红绿灯完全可见视野、红绿灯部分可见视野和红绿灯不可见视野(见图 2-213)。上视野的评价由于受眼点位置影响,因此同一定性"红绿灯法"标准等级按照不同分位人体眼点位置评价得分不同。按照人机评价原则,以不利于评价结果的人体尺寸作为最高标准,因此,上视野评价人体标准分位等级依次为 95％男性用户、50％男性用户、50％女性用户和 5％女性用户。

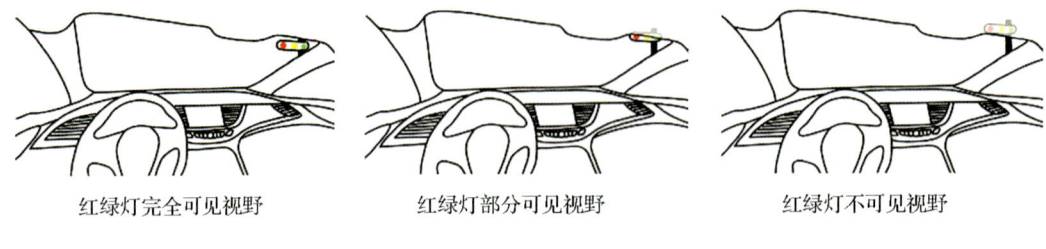

红绿灯完全可见视野　　　红绿灯部分可见视野　　　红绿灯不可见视野

图 2-213

直接视野下方视野可视性评价基于"斑马线法"得到定性评价标准依次为斑马线完全可见视野、斑马线部分可见视野和斑马线不可见视野(见图 2-214)。下视野的评价同样受眼点位置影响,因此同一定性"斑马线法"标准等级按照不同分位人体眼点位置评价得分不同。按照人机评价原则,以不利于评价结果的人体尺寸作为最高标准,因此,下视野评价人体标准分位等级依次为 5％女性用户、50％女性用户、50％男性用户和 95％男性用户。

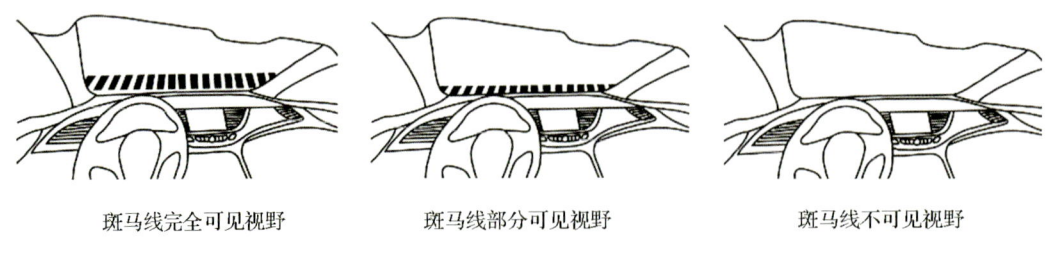

斑马线完全可见视野　　　斑马线部分可见视野　　　斑马线不可见视野

图 2-214

驾驶员侧和副驾驶员侧 A 柱视野可视性评价按照 GB 11562—2014 中对于 A 柱视野障碍性的评价方法进行评价,也就是通常所说的 A 柱障碍角(见图 2-215),A 柱障碍角的评价属于定量性评价标准,因此,同样依照基于顾客购买心理学的感知质量体系定性法评价标准进行评价。

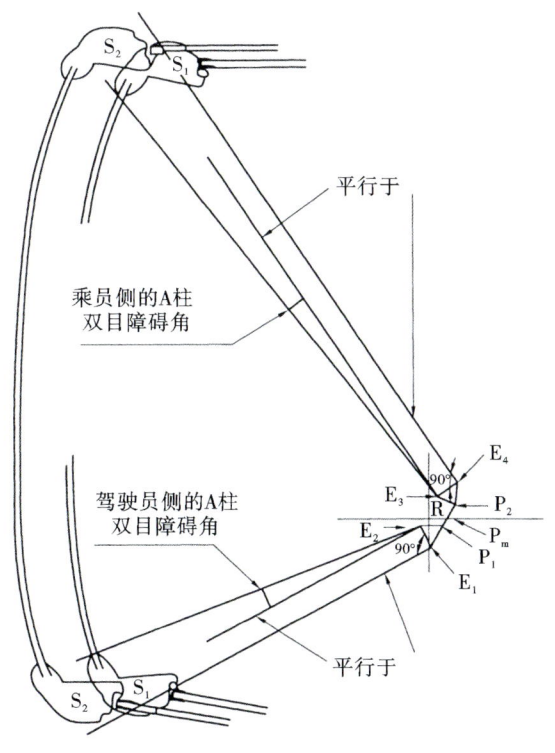

图 2-215

驾驶员侧和副驾驶员侧 A 柱视野遮挡性评价按照遮挡元素的关系分为多元素间断遮挡视野和多元素连续遮挡视野(见图 2-216)。多元素间断遮挡性视野可以在局部有效补充 A 柱视野的发散性,较多元素连续遮挡视野更有利于行驶的安全性。

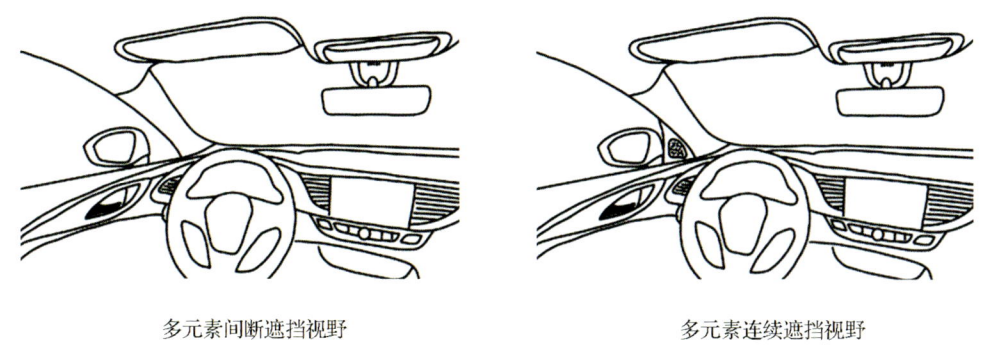

多元素间断遮挡视野　　　　　　　　多元素连续遮挡视野

图 2-216

驾驶员侧和副驾驶员侧 A 柱视野干扰性主要是一种视野外干扰,即 A 柱视野临近区域存在高视觉权重的功能件或装饰件分散驾驶员的注意(见图 2-217),因此,对于 A 柱视野干扰性应尽可能避免视野外干扰元素。

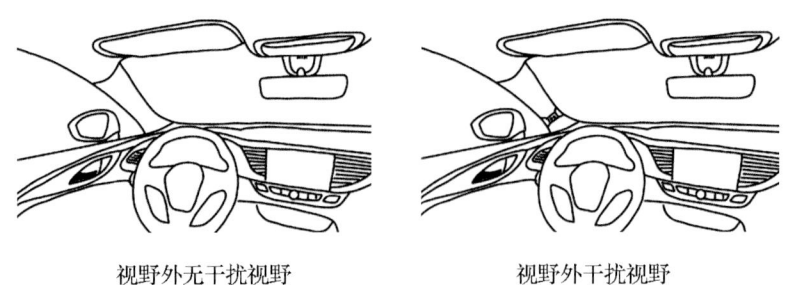

视野外无干扰视野　　　　　　视野外干扰视野

图 2-217

直接视野侧方视野指用户通过侧窗玻璃获取的车辆侧方的环境信息。直接视野侧方视野的干扰性包括开窗干扰性和关窗干扰性两种情景，开窗干扰性典型缺陷即车窗玻璃无法全降，存在部分外露从而产生了视野干扰因素（见图 2-218）。

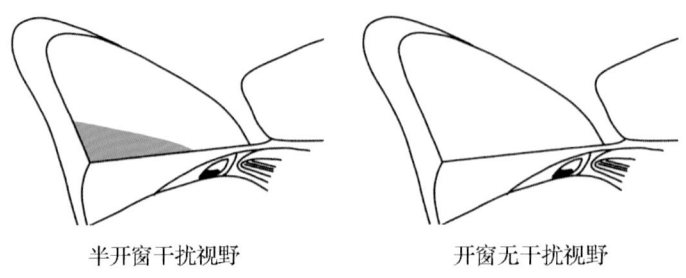

半开窗干扰视野　　　　　　开窗无干扰视野

图 2-218

直接视野侧方视野的关窗干扰性问题集中体现在侧窗附近的高亮装饰件或多特征区域在侧窗玻璃上形成的反射成像导致的干扰问题（见图 2-219）。

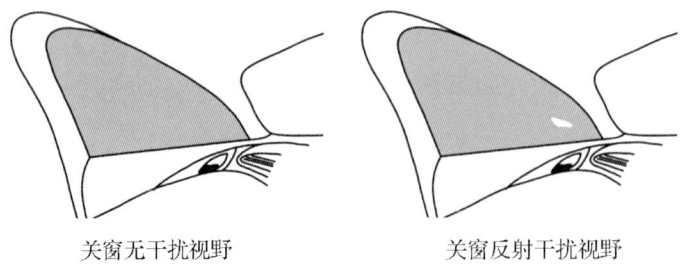

关窗无干扰视野　　　　　　关窗反射干扰视野

图 2-219

直接视野仪表视野指用户在车内获取的仪表内容信息。直接视野仪表视野的评价包含其遮挡性和干扰性两个维度。直接视野仪表视野遮挡性评价包含无遮挡、无效遮挡和有效遮挡三种标准（见图 2-220）。无遮挡指通过方向盘透视区域可以观察整个仪表区域；无效遮挡指方向盘非透视部分对仪表进行了部分遮挡，但遮挡部分不存在有效信息显示区域。有效遮挡指方向盘非透视部分对仪表进行了部分遮挡，而且遮挡部分存在有效信息的显示区域，影响驾驶员的观察。

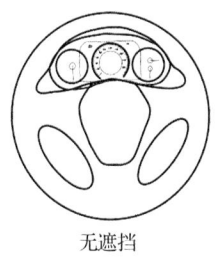 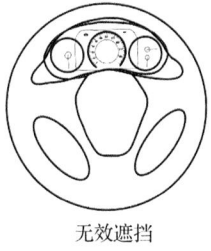 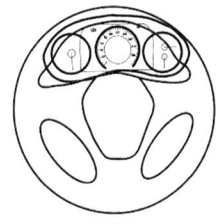

无遮挡　　　　　　　无效遮挡　　　　　　　有效遮挡

图 2-220

直接视野仪表视野干扰性评价包含非关键区域反光干扰视野、关键区域反光干扰视野和无反光干扰视野三种标准(见图 2-221)。非关键区域反光干扰视野指通过侧窗或天窗投射进的光线照射在仪表上在非信息显示区域产生了反光,这种反光对于驾驶员观察仪表产生影响,但不存在有效性的干扰;关键区域反光干扰视野指通过侧窗或天窗投射进的光线照射在仪表上信息显示区域产生了反光,这种反光对于驾驶员观察仪表产生了有效性的干扰。

 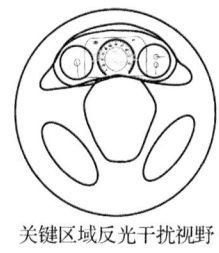 

非关键区域反光干扰视野　　关键区域反光干扰视野　　无反光干扰视野

图 2-221

间接视野后方视野指用户在车内通过内后视镜反射获取的车辆后方的环境信息。按照《GB 15084—2013 机动车辆间接视野装置性能和安装要求》中对内后视镜视野的可视性要求应满足驾驶员借助内视镜应能在水平路面上看见一段宽度至少为 20000mm 的视野区域,其中心平面为汽车纵向基准面,并从驾驶员的眼点后 60000mm 处延伸至地平线(见图 2-222)。

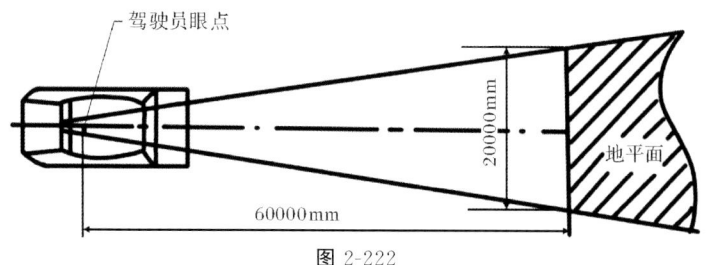

图 2-222

间接视野后方视野干扰性评价主要针对视野内干扰性,即在后挡风玻璃上存在干扰后方视野的元素,如加热丝(见图 2-223)。相比无干扰视野,后方视野内干扰性视野会影响驾驶员获取后方信息的高效性。

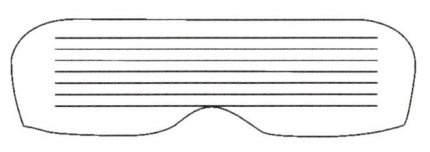
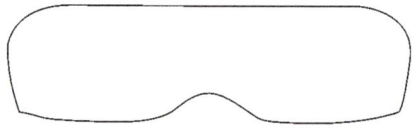

视野内干扰视野　　　　　　　　无干扰视野

图 2-223

间接视野后方视野遮挡性评价包含中间区域遮挡视野、两侧区域遮挡视野和多区域组合遮挡视野(见图 2-224)。区域性遮挡属于定性化标准,按照区域的分布应优先满足中间区域的无遮挡性以及多区域组合遮挡。对于同性质遮挡应按照定量法对其遮挡面积进行评价。

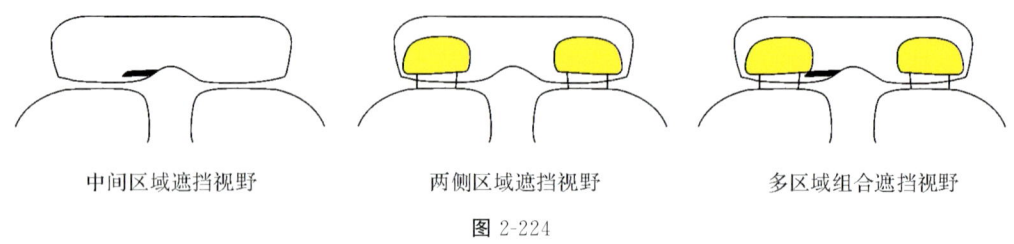

中间区域遮挡视野　　　两侧区域遮挡视野　　　多区域组合遮挡视野

图 2-224

间接视野后方视野遮挡性还包括功能件使用模式下遮挡性,如图 2-225。遮阳板的使用状态和非使用状态下对于内后视镜的遮挡同样属于后方视野的遮挡,功能件使用遮挡视野是一种源头性的遮挡方式,较视野区域内遮挡更应该避免。

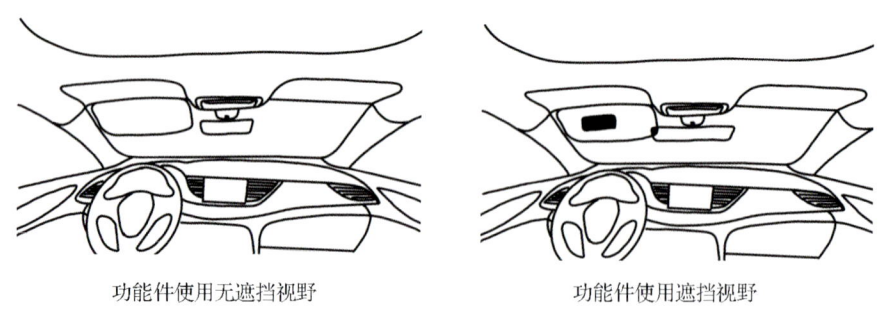

功能件使用无遮挡视野　　　　　功能件使用遮挡视野

图 2-225

间接视野侧后方视野指用户在车内通过外后视镜反射获取的车辆侧后方的环境信息。按照《GB 15084—2013 机动车辆间接视野装置性能和安装要求》中对驾驶员侧外后视镜视野的要求,驾驶员至少看到 4000mm 宽、由乘员一侧平行于车辆垂直纵向中间平面并且通过驾驶员一侧车辆最远点的平面所界定,并延伸至驾驶员眼点后方 20000mm 的水平路面部分。同时,驾驶员应能够看到从通过驾驶员两眼点的垂直后方 4000mm 的点开始,宽 1000mm 由平行于车辆垂直纵向中间平面并通过车辆最远点的平面所限定的路面。对乘员侧外后视镜视野要求驾驶员至少看到 4000mm 宽,由乘员一侧平行于车辆垂直纵向中间平面并且通过乘员一侧车辆最远点的平面所界定,并延伸至驾驶员眼点后方 20000mm 的水平路面部分。同时,驾驶员应能够看到从通过驾驶员两眼点的垂直后方 4000mm 的点开始,宽 1000mm 由平行于车辆垂直纵向中间平面并通过车辆最远点的平面所限定的路面(见图 2-226)。

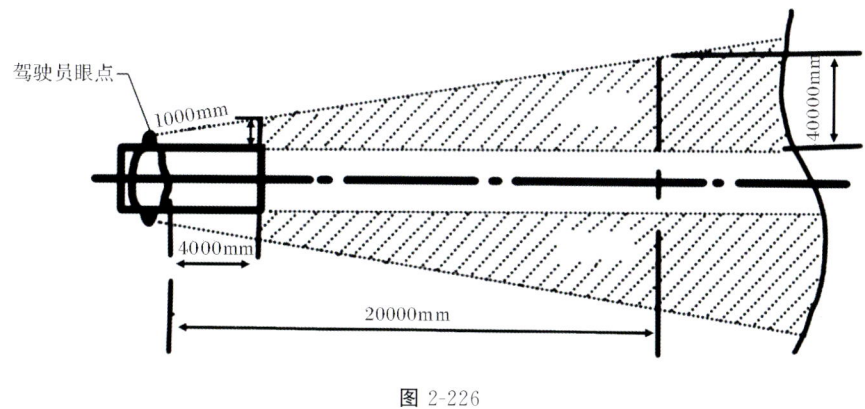

图 2-226

七、功能配置

功能配置分为基础功能和升级功能,基础功能指整车上具备的满足用户日常基础使用需求的设计功能,如储物功能、照明功能、手机充电功能等;升级功能又叫升级配置,指为了改善用户基础感知属性体验而通过增加投入升级的超越顾客预期的感知属性功能,如氛围灯、香氛、全景天窗、HUD 等。基础功能和升级功能属于相对性的功能配置,具有极强的时效性和市场性,即随着时间和市场的发展以及用户的需求不断提升。升级功能会逐步转变为车辆必备的基础功能,而升级功能也会随着时代的进步逐步改进上升到新的属性层面以满足用户更高需求的感知层次。下面针对基础功能中的储物功能和照明功能的评价以及升级功能的优化原理进行详细阐述。

1. 基础功能——储物功能

储物功能指为了便于用户随车携带日常特定物品而在车内增加了容器性结构的设计,储物功能本身是一种附属功能,随车型定位的不同其功能权重也存在较大差异,储物功能的设计原则不应破坏用户基础感知属性相关的设计。

储物功能的评价内容包括储物空间的专属感、储物随动性、储物私密性、空间有效容积、空间形状、取物空间大小、取物人机布置、取物触感和储物空间数量。

空间的专属感指储物空间设计的特定程度与用户需要存放的物品完全匹配,这里可以理解为储物空间的形状尺寸与存放的物品随型呼应,按照储物空间形状和尺寸呼应的程度分为专属设计、半专属设计和非专属设计（见图 2-227）。专属设计指储物空间与被储存的物品存在形状和尺寸上的完全匹配关系；半专属设计指储物空间与被储存的物品仅存在形状或尺寸其中之一的匹配关系；非专属设计指储物空间与被储存的物品不存在形状和尺寸任一匹配的关系。

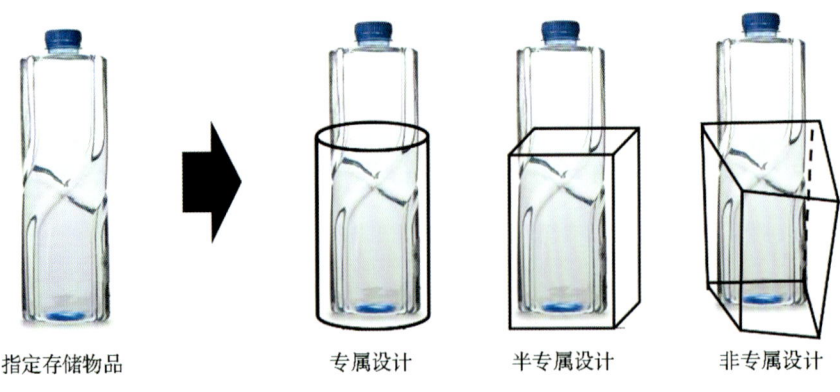

图 2-227

储物随动性指当所存放的物品储存于对应储物空间内在受到颠簸外力影响时与行驶车辆的相对运动程度，按照运动程度分为绝对固定、非绝对固定和无固定（见图 2-228）。绝对固定指物品储存于储物空间内在受到颠簸外力影响时不会发生任一方向上的运动；非绝对固定指物品储存于储物空间内在受到颠簸外力影响时会发生取物方向上的运动；无固定指物品储存于储物空间内在受到颠簸外力影响时会发生任一方向上的运动。

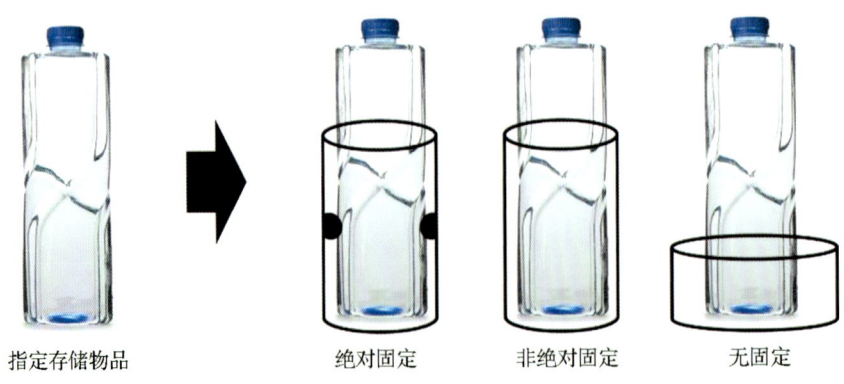

图 2-228

储物私密性指所存放的物品在储物空间内对外暴露自身的程度，按照物品暴露的程度分为绝对私密、半私密性和完全暴露（见图 2-229）。绝对私密指物品存放于封闭式储物空间内，无任何部分暴露在外界；半私密性指物品存放于半封闭式储物空间内,仅存在物品的少半部分暴露在外界;完全暴露指物品存放于敞开式储物空间内,物品的多半部分暴露在外界。

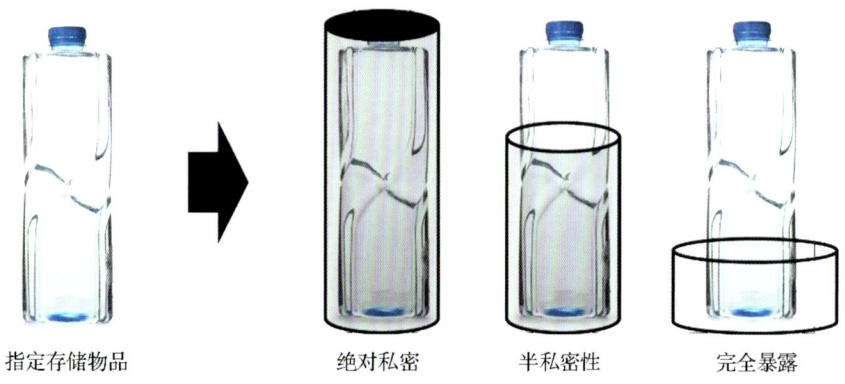

图 2-229

空间有效容积指储物空间内可提供给指定待存放物品的真实空间大小,也可理解为储物空间与待存放物品的符合性。按照有效容积与待存放物品的体积相对关系,空间有效容积评价等级依次为满足需求、大于需求和小于需求或无需求(见图 2-230)。满足需求指储物空间的有效容积与被存放物品完全相符,符合专属感设计理念;大于需求指储物空间的有效容积较被存放物品明显偏大,物品存放后存在不符性,易造成物品的晃动;小于需求或无需求指储物空间无任何针对性设计,不存在任何特定物品的相符性。

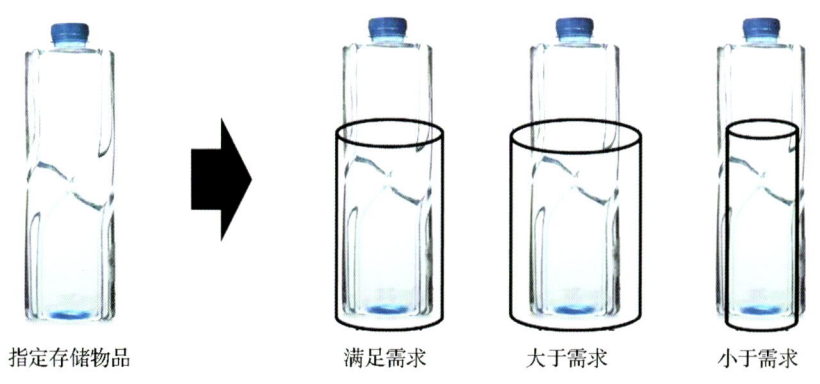

图 2-230

空间形状指储物空间内部容纳待存放物品的几何形状,按照形状的几何特性将其分为规则造型化、半造型化和不规则化(见图 2-231)。规则造型化指储物空间内部的几何形状属于常规几何形体造型,无多余形体特征,简洁存在设计感;半造型化指储物空间内部的几何形状属于部分规则几何形体造型与无造型化的几何形体拼凑而成,存在一定多余形体特征;不规则化指储物空间内部的几何形状无任何造型化结构,不具有任何设计感元素。

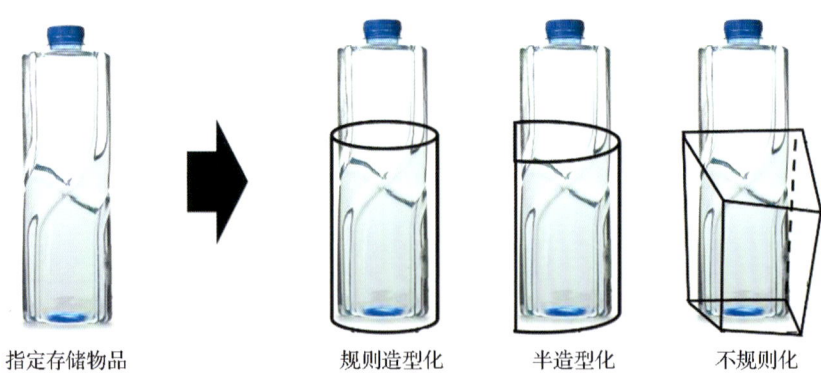

图 2-231

取物空间大小指用户需要从储物空间内拿取存放物品时所需的手部操作空间大小,由于取物空间属于人机操作空间,因此,这里以标准分位人体作为评价等级,依次为95%人体、50%人体和5%人体手部尺寸(见图2-232)。

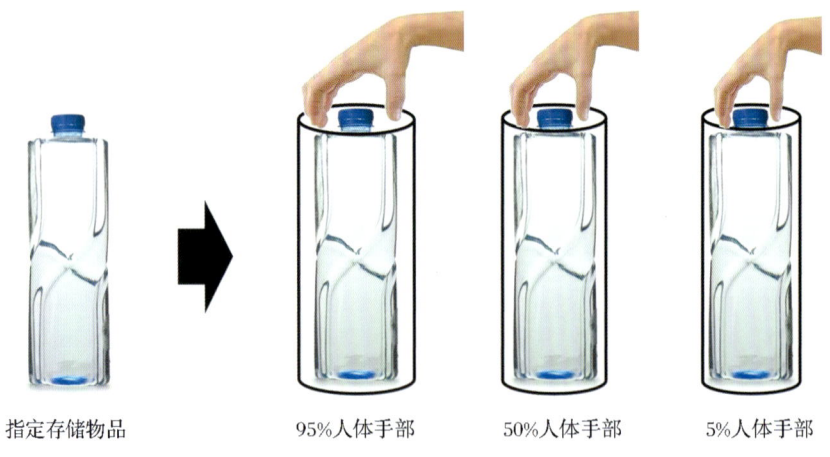

图 2-232

取物人机布置指用户从储物空间内拿取存放物品的便利程度,这种便利程度同操作便利性程度,按照符合操作便利性的程度取物人机布置评价等级分为符合最优人机布置、处于可接受范围和违反人体工程,具体评价内容同操作品质中操作便利性维度评价内容。

取物触感指用户从储物空间内拿取存放物品时手部触碰到储物空间内壁时

的触觉感知属性,按照触感的反馈等级取物触感评价标准依次为取物无触感、接触舒适性和接触抱怨性(见图 2-233)。取物无触感指用户取物时不存在手部触碰储物空间内壁的可能,多为半私密性储物空间;接触舒适性指用户取物时手部触碰到储物空间内壁的触感反馈经过特殊处理,如软质植绒、增加软质胶垫等;接触抱怨性指用户取物时手部触碰到储物空间内壁的触感反馈为触感缺陷型,如硬质材质、存在触感缺陷痕迹等。

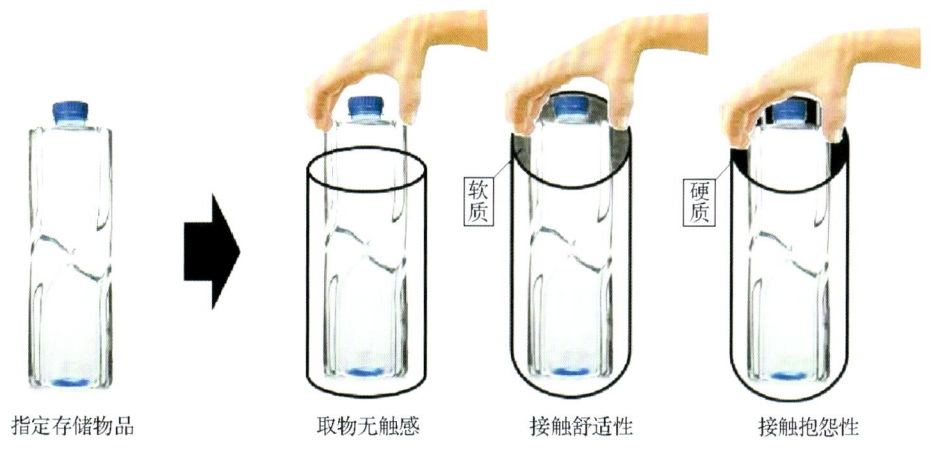

图 2-233

储物空间数量指整车内外所有储物空间的数量总和,储物空间的数量并非越多储物功能属性得分越高,根据车型功能的定位不同,储物空间需满足不同的用户需求(见图 2-234)。对于行政商务定位车型储物功能需更注重储物空间质量的提升,如储物的专属感、储物私密性、储物随动性和取物触感维度的提升,反之,储物空间数量不应过多,满足基本的出行需求即可;对于家用车型储物空间的数量和有效容积更为重要,储物私密性、储物随动性以及空间的专属感权重相对较低;对于运动车型储物的随动性成为最重要的储物空间属性权重。因此,对于储物空间数量的评价必须基于车型功能定位进行区分储物空间的属性维度权重,做到储物空间设计与车型一致性。

车型定位	储物空间属性评价维度趋势标准								
	空间专属感	储物随动性	储物私密性	空间有效容积	空间形状	取物空间大小	取物人机布置	取物触感	储物空间数量
行政	+	+	+	+	+	+	+	+	−
商务	+	+	+	+	+	+	+	+	+
家用	−	0	−	0	0	+	+	0	+
代步	−	−	−	0	0	0	+	+	0
运动	+	+	0	0	0	+	+	+	−
越野	+	+	0	0	0	+	+	−	−

注：+满足最高标准，0中间标准，−满足最低标准。

图 2-234

2. 基础功能——照明功能

照明功能指用户在亮度不满足获取所需的视觉信息的情况下通过照明设备进行补充亮度以达到用户可以获取视觉信息的环境条件。按照用户获取视觉信息的位置将照明功能分为室内照明和室外照明，室内照明指在驾驶舱或乘员舱内需要在特定位置区域通过内部照明灯照射补强的方式进行亮度提升以满足用户获取视觉信息的环境需求。

室内照明的评价内容包含照射区域、光源位置和照射区域照度。照射区域按照是否存在指向性要求分为指定照射区域和非指定照射区域，指定照射区域如储物空间内部，非指定照射区域指提供给用户便捷性使用的亮度补充设备照射的方向所在区域，对于非指定照射区域规定沿其照射方向 1m 远的距离光源照射范围不小于 A4 纸尺寸大小，即 297mm×210mm 的区域面积（见图 2-235）

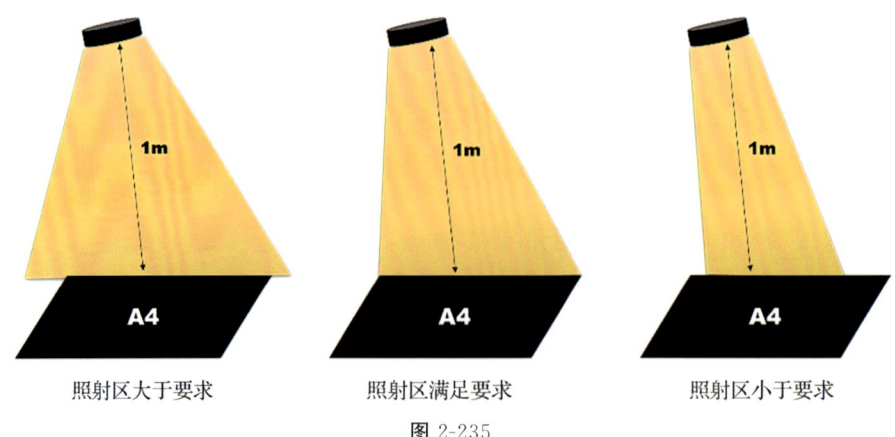

照射区大于要求　　　照射区满足要求　　　照射区小于要求

图 2-235

室内照明光源位置分为照射区域内和照射区域外两种，照射区域内指光源机构布置于照射区域范围内部，如储物空间内部照明灯；照射区域外指光源机构布置于照射区域范围外部，如化妆镜灯。对于室内照明光源位置的要求需与光源类型结合评价,对于照射区域内的光源必须满足发散型光源,确保照射范围可以填充满整个照射区域,对于照射区域外的光源必须满足聚光型光源,确保足够的照射距离和照度要求(见图 2-236)。

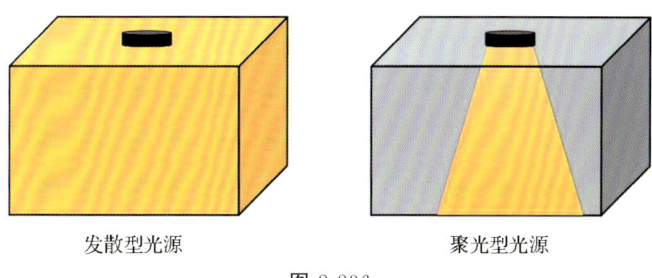

图 2-236

室内照明照射区域照度要求包含最低照度要求、照度均匀性和照度的居中性。最低照度要求指照射区域内最小光照度值,单位 1 lx,照度要求属于定量标准,对于室内照明照射区域照度的要求需基于与环境光照度的差值作为定量原则,即最低照度要求应满足照射区域内与环境照度的差值大于等于 5 lx,5 lx 作为非指定照射区域可满足用户基本需求的亮度补充合格标准,按照正态分布原则可依次增加照度要求满足更高层次的标准。

照度均匀性指光照强度在照射区域内的分布情况,按照均匀性要求在指定或非指定照射区域内相同位置光照强度差值不大于 1 lx,这里将 1 lx 定义为引起用户对照度差的感知抱怨的最小单位。照度的居中性指补充亮度设备的光照强度最大照度位置应投射在指定照射区域的中心位置,以确保指定照射区域的照度均匀分散,以及用户的使用便利性(见图 2-237)。

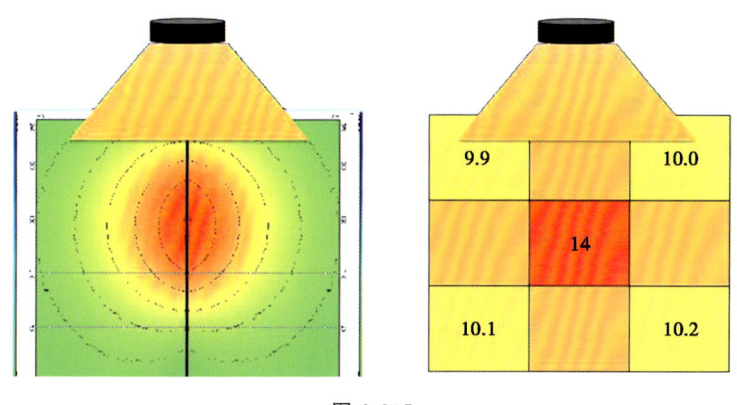

图 2-237

室内照明按照光源数目分为单光源照明和多光源组合式照明,单光源照明满足以上的照射区域、光源位置和照射区域照度要求即可,多光源组合式照明的评价内容在单光源照明的基础上还应评价多光源照明照度的配合性,即不同光源的照度在指定区域协同后仍应满足照度的均匀性以及照度的居中性要求,避免出现中间区域的照度暗区(见图 2-238)。

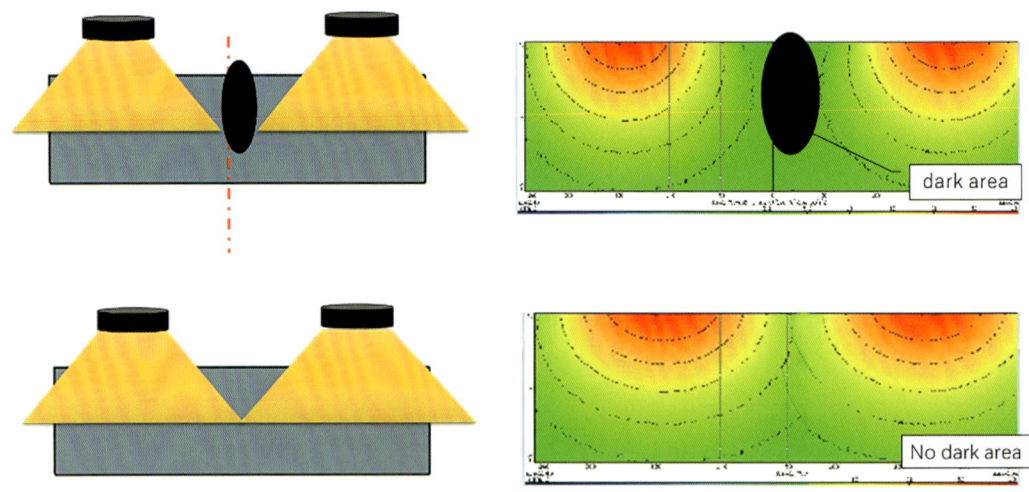

图 2-238

室外照明性能属于法规要求项,按照基于顾客购买心理学的感知质量体系标准制定原则将涉及法规项目符合要求定为合格标准档,因此,这里对室外照明前照灯法规 GB 25991—2010 版进行配光性能说明。以下内容摘自《GB 25991—2010 汽车用 LED 前照灯》5.3 配光性能部分内容。

前照灯近光应具有足够的照明并不产生炫目,远光应具有良好的照明。弯道照明可以通过附加光源来实现,该附加光源是近光灯的一部分,如附加光源失效,则配光性能仍应满足近光要求。

配光性能应在距离前照灯基准中心 25m 的垂直平面配光屏幕上测量(见图 2-239),各测试点、区的位置如图 2-240 所示。

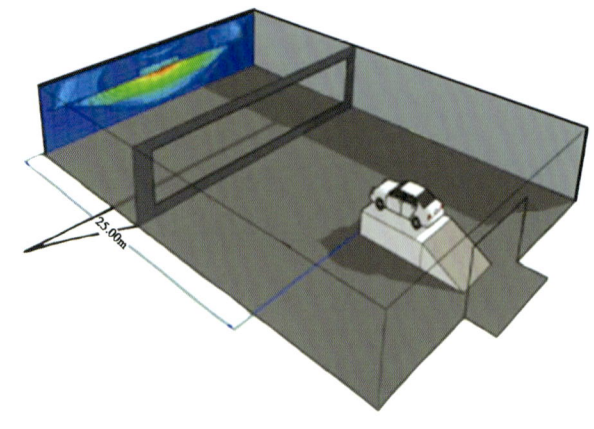

图 2-239

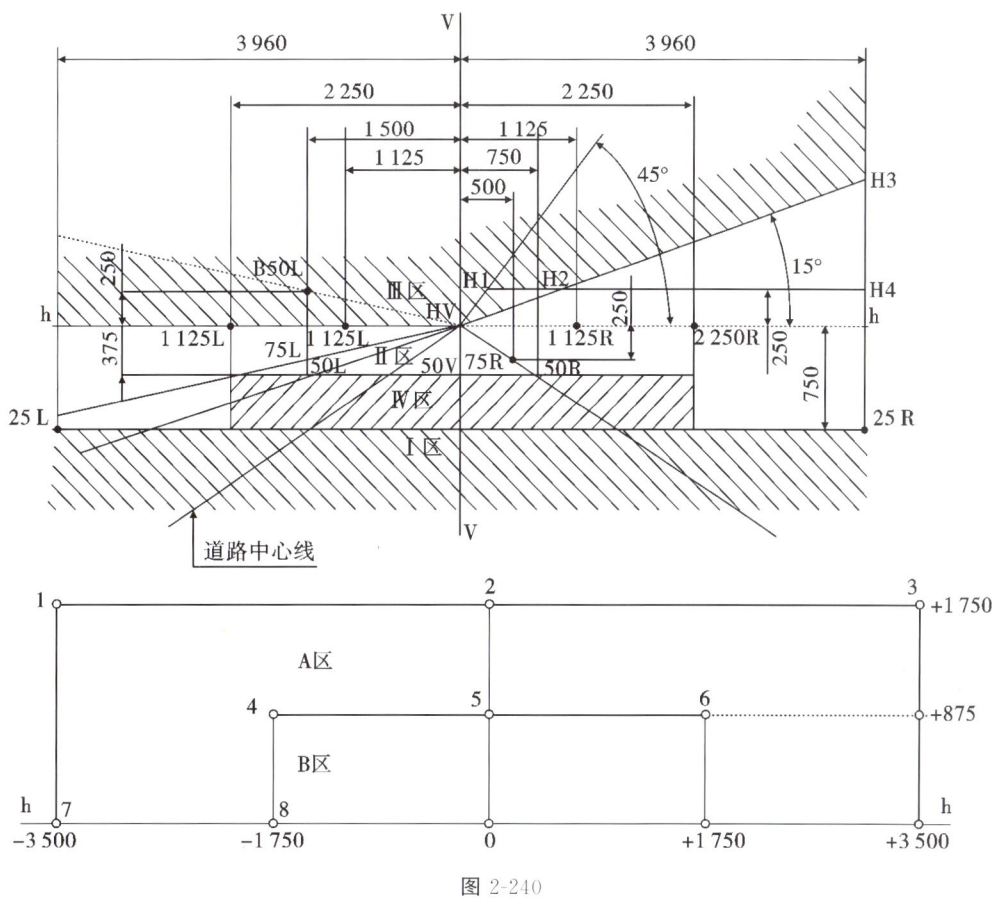

图 2-240

近光的配光要求：在配光屏幕上，近光应产生明显的明暗截止线，其水平部分位于 V-V 线左侧，右侧为 HV-H2-H3 线或 HV-H1-H2-H4 线，不允许有多条明暗截止线目视可见。在配光屏幕上的照度限制应按表 7-1 规定。

表 7-1

点、线段、区域	水平距离/mm	垂直距离/mm	照度/lx
HV	0	0	≤0.7
B50L	L1500	U250	≤0.4
75R	R500	D250	≥12
75L	L1500	D250	≤12
50L	L1500	D375	≤15
25L	L3960	D750	≥2
50V	0	D375	≥6

续表

点、线段、区域	水平距离/mm	垂直距离/mm	照度/lx
50R	R750	D375	≥12
25R	R3960	D750	≥2
Ⅰ区任何点			≤2·E_{50R}^*
Ⅲ区任何点			≤0.7
Ⅳ区任何点			≥3

E_{50R}^* 为50R的实测照度值。

对于LED前照灯,在配光屏幕上,测试点1至8的照度限制应符合如下规定:

——7——测试点1+2+3≥0.3 lx;

——8——测试点4+5+6≥0.6lx;

——9——0.7lx≥测试点7≥0.1lx;

——10——0.7lx≥测试点8≥0.2lx;

远光的配光要求:在配光屏幕上,远光的照度限制应符合表7-2规定。

表7-2

测试点或区域	照度/lx
E_{max}	≥48且≤240
HV点	≥0.80E_{max}
HV点至1125L和R	≥24
HV点至2250L和R	≥6

对于远、近光LED前照灯,其远光最大照度应不大于近光75R测量照度值的16倍。配光屏幕上照度测量的有效面积应包含在边长65mm的正方向内。

以上按照法规评价需要在特定实验室进行,操作较为复杂,而CNCAP对于灯光评价采用了等照度曲线范围图,如图2-241为近光灯的等照度曲线范围要求,其中ZONE A为直线引导距离、ZONE B为弯道引导距离、ZONE C为弯道照明宽度、ZONE D为左侧行人可见度、ZONE E为路口行人探测宽度。

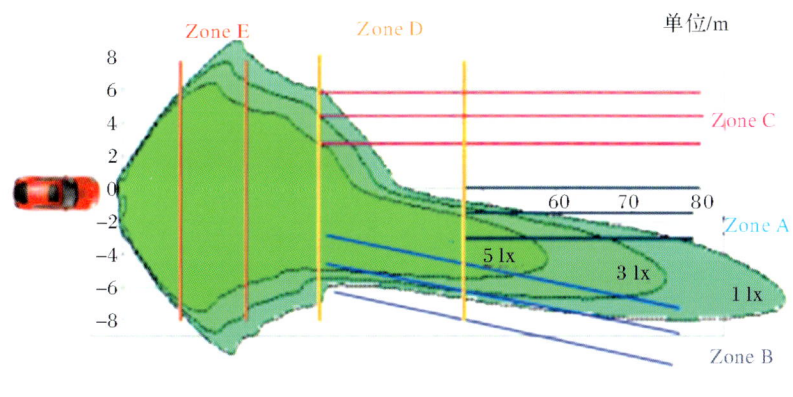

图 2-241

远光灯照度评价也可同样采取等照度曲线范围图操作,对于远光照射等照度曲线范围图以 30lx 作为基准照度评价(如图 2-242),根据 30lx 等照度曲线范围覆盖的区域面积和最远距离可以进行定量评价,通过对比其最远距离和区域面积得到最终的定位结果。

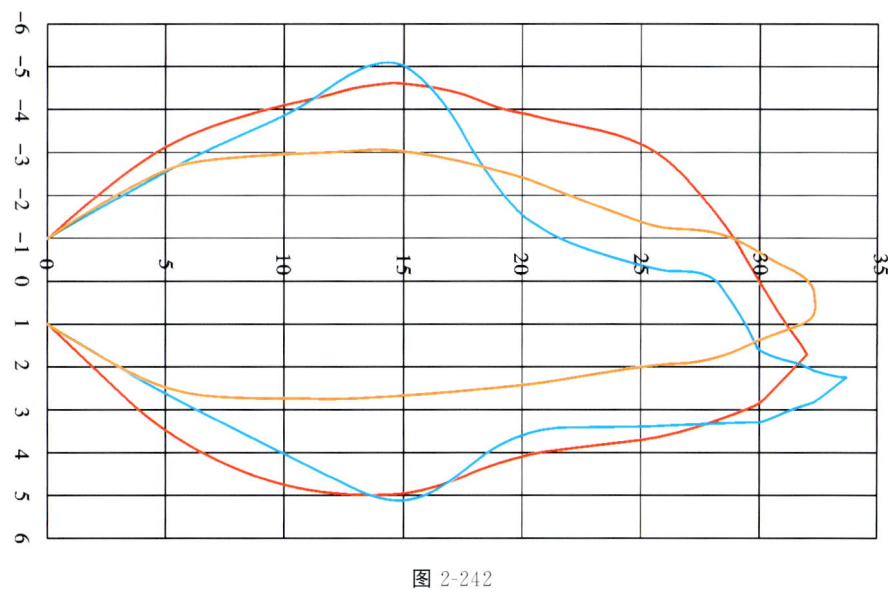

图 2-242

3. 升级功能

升级功能指为了改善用户基础感知属性体验而通过增加投入升级的超越顾客预期的感知属性功能(见图 2-243),升级功能不属于额外的感知属性功能,核心本质是在原有的感知属性功能基础上进行的升级改造,通过投入一定的成本使用更具属性特点的设计满足顾客更加强烈的感知需求,这里所说的顾客的感知需求是一种设计定位上的升华,即主要对设计定位中的情感定位和功能定位进行体验的改进。

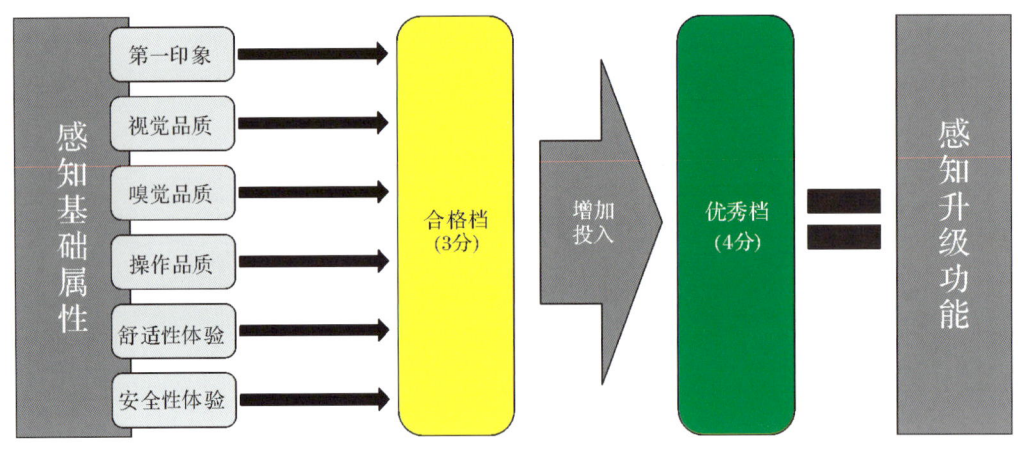

图 2-243

感知基础属性包含第一印象、视觉品质、嗅觉品质、操作品质、舒适性体验和安全性体验，升级功能可针对基础感知属性任一维度进行升级进化，这里以第一印象为例，基础感知属性的第一印象往往会存在一定的设计情感定位，按照情感定位的倾向性是否强烈，升级功能可以对其进行强化升级，即在原有的倾向性情感定位基础上通过对第一印象的优化改造进行情感定位的强化，这本身也属于一种升级功能，如五菱宏光 mini 车型第一印象属于动态类情感定位，其情感倾向性为个性化、可爱的类型。因此，可以就其第一印象进行打造升级，强化其车型的话题感，使其具备网红特征。同时，因其动态类情感定位的特性，也可以对其进行情感定位反差化升级改造，形成用户认知的冲突，这种冲突感可以更加强化产品设计的第一印象（见图 2-244、图 2-245）。

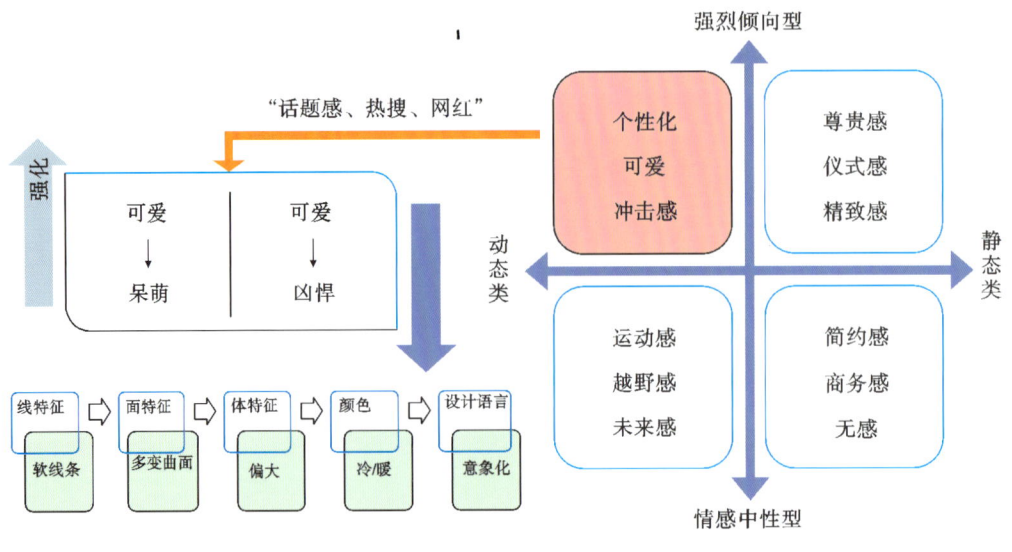

图 2-244

升级功能——第一印象　　　基础属性——第一印象　　　升级功能——第一印象

情感 反差——暗黑系/军事感　　动态类&强烈倾同型——可爱　　情感强化——粉嫩/卡通
◆ 颜色、装饰　　　　　　　　　　　　　　　　　　　　　　◆ 颜色、装饰
◆ 意象化元素　　　　　　　　　　　　　　　　　　　　　　◆ 意象化元素

图 2-245

感知基础属性其他维度的功能升级改造原理同样依据基于顾客购买心理学的感知质量体系对应的评价标准进行越级改进。对于升级功能的评价和优化方法的核心是理解基础感知属性每一维度的升级趋势，即最终用户体验追求的内心需求感受，依次为目标进行功能升级（见图 2-246）

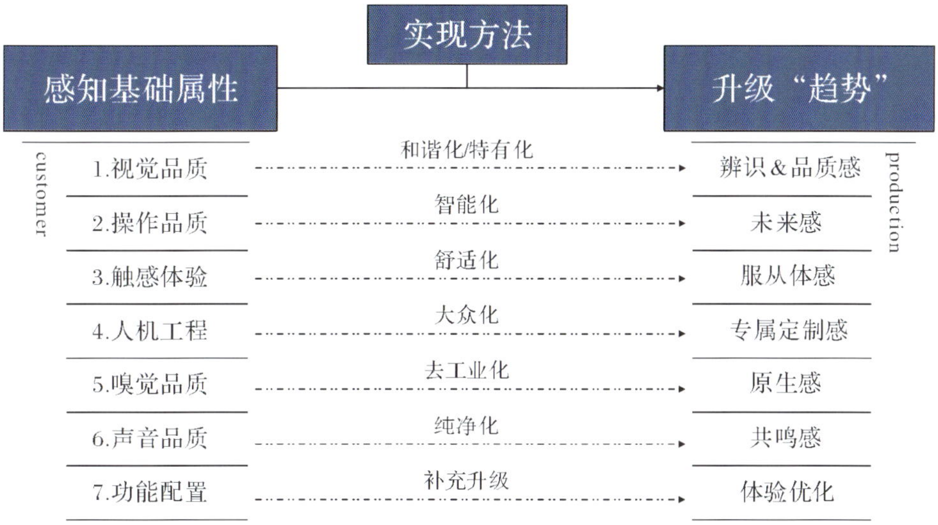

感知基础属性	实现方法	升级"趋势"
1.视觉品质	和谐化/特有化	辨识&品质感
2.操作品质	智能化	未来感
3.触感体验	舒适化	服从体感
4.人机工程	大众化	专属定制感
5.嗅觉品质	去工业化	原生感
6.声音品质	纯净化	共鸣感
7.功能配置	补充升级	体验优化

（customer → production）

图 2-246

第三章 体系应用说明

一、标准评价流程

"基于顾客购买心理学的感知质量体系"标准评价流程通过模拟真实客户在日常生活中对一款全新产品的认知过程从而得到客户由表象到深层,由本能到内心的感知反馈。这里引入了"设计心理学"的思维,即一款产品对于客户产生的本能、行为和反思的影响衍生出感知体系对应的第一印象、用户体验和用后感受三个层级的评价维度(见图3-1)。这三个层级的评价维度又分别与感知体系的全景图有所对应,这决定着不同维度的评价权重不同,对客户产生的感知效应也存在响应的程度差。

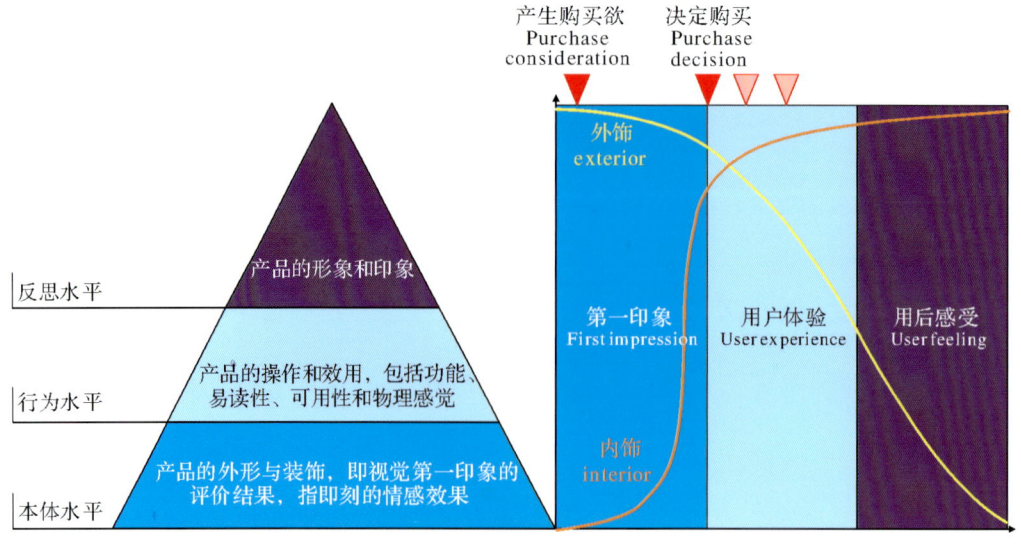

图 3-1

用户感知标准评价流程按照由外到内、由整体到细节、由表象到深层的递进度展开。首先,开展外饰感知质量客户评审过程(见图3-2),外饰评审区按照由远到近依次划分为本能反应区和行为反应区。本能反应区指以被评价车为中心半径1.5～5m的环形区域范围，这个范围可以随着被评审车的尺寸级别进行适当调整，调整的标准即可在本能反应区内任一位置使被评审车辆整体处于客户的视野范围集中区即可。人眼视度指人的肉眼可视角度的度数。人类通常是124°，当集中注意力时约为1/5，即评审人正前方25°范围为视野集中区。在本能反应区内评价者应对被评审车的第一印象维度，包含辨识度、设计和谐、色彩纹理和设计定位进行系统评审并得到标准评价结果。然后，评审人步入行为反应区对被评审车辆进行用户体验评价，包含观察行为和操作行为。其中，观察行为包含工程分缝、精致度、次级表面和灯光品质四个二级维度；操作行为包含操作便利性、操作触感和操作声音品质三个二级维度。标准评价顺序依照真实客户的使用习惯，即从前到后，从驾驶员侧到副驾驶员侧依次进行评审。观察行为中的灯光品质需在夜晚环境或暗室进行评价，避免日光干扰。最后，在评审完第一印象和用户体验两个维度内容后，可选择性进行最后印象用户感受的模拟，通过比较主观评价的得分与最终客观评审的结果的差异值即可得到最后反思反应的评价结果。这一结果具有校核评审人专业准确性和解答主观评价分值的作用，同时，通过得到预期与实际的差值也可以更为客观的认知一款产品。在做产品感知评价时我们需要结合感性与理性两部分内容，感性部分难以量化，但真实存在，这些因素往往在很多时候可以与客户产生情感共鸣。而理性部分则更为工程化，是一款产品品质保证的内在基础，二者相互协同才能成为一款成功的产品。

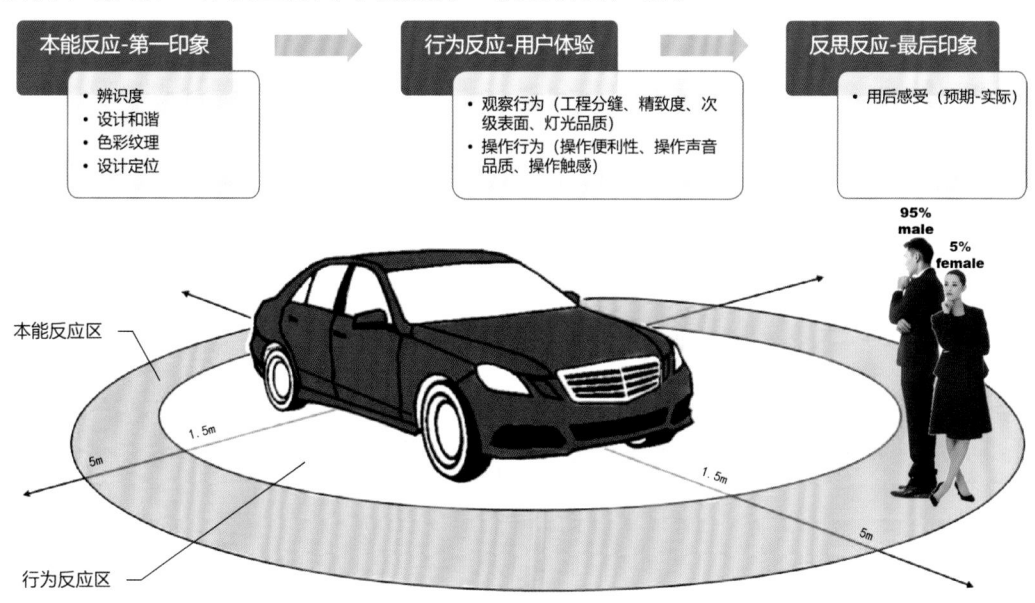

图 3-2

外饰评审工作完成后按照标准流程需进行乘降舒适性的评审,依照第二章中乘降舒适性的评价标准分别对前后门乘降性进行评审,完成乘降舒适性的评审工作后落座驾驶员位置,调整至标准坐姿并进行标准内饰感知评审工作。内饰感知标准评审工作同样包含本能反应的第一印象、行为反应的用户体验以及反思反应的最后印象三个维度(见图3-3)。第一印象在外饰四个二级维度的基础上增加气味属性评价维度,用户体验包含了观察行为、操作行为、舒适性体验和安全性体验四个维度;区别于外饰属性维度,内饰属性维度增加了舒适性体验和安全性体验,其中,舒适性体验包含乘坐舒适性、空间舒适性和温度舒适性;安全性体验包含了视野安全性。完成以上两个维度的评价后,同样可选择性进行反思反应最后印象的评审,评审方式与外饰部分相同。

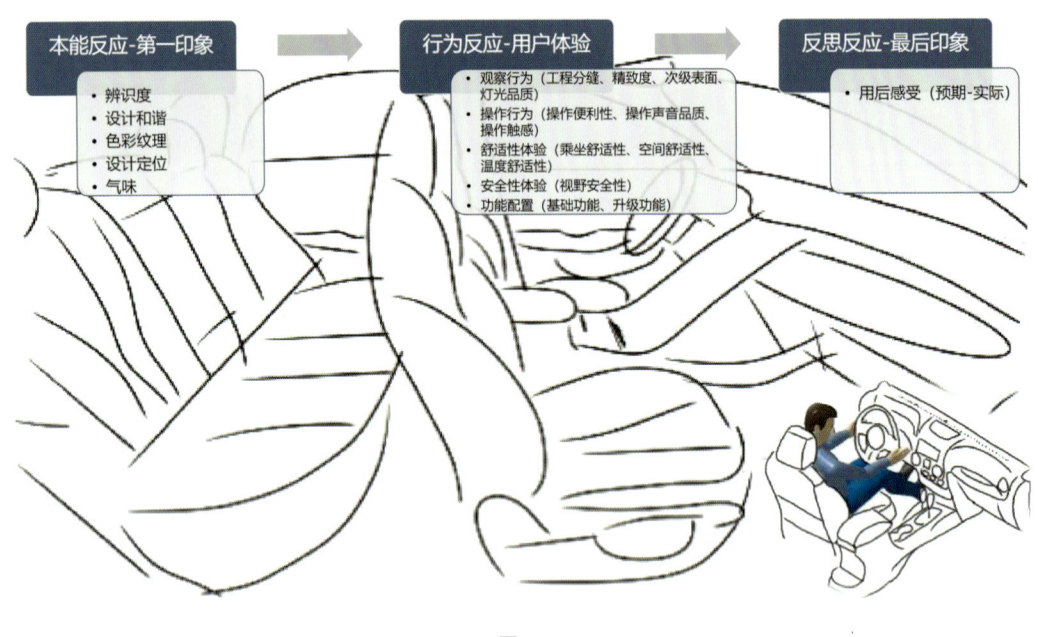

图 3-3

二、体系开发流程

基于顾客购买心理学的感知质量体系的标准开发流程是一种满足市场和客户需求的正向开发流程。通过获取市场需求信息并且以用户心理需求的绝对化客观性的感知标准作为产品开发基础,对项目开发进行合理的设计定位并逐步分解为品牌定位、功能定位和情感定位,以此作为产品开发的技术目标,在绝对客观化的标准支撑下对技术目标分解,直至落实到过程管控的每一个环节。这里的过程管控包含产品规划、造型设计、工程开发和制造品控四个环节。感知质量体系开发流程中标准植入和目标设立是目的,过程管控为辅助手段,过程管控的主要方式以对阶段性设计输出物进行标准校核来实现目标的达成。

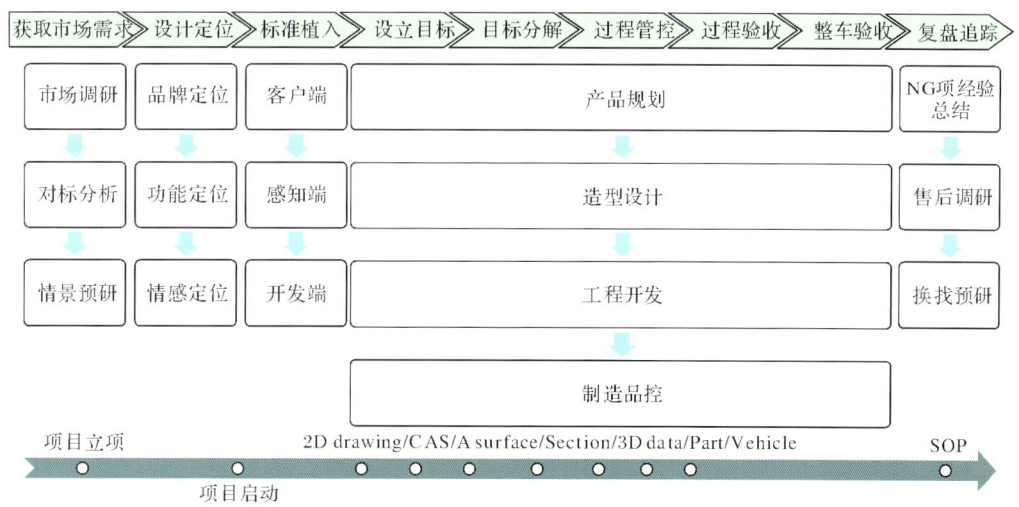

图 3-4

基于顾客购买心理学的感知质量体系开发流程的核心工作在于绝对客观化的标准建立。作为评价与过程管控工作的基础,感知质量评价标准来源于客户端,即通过研究用户行为心理以及满足用户本能和行为的主观性质的感知属性,得到最原始的用户感知喜好分布,针对得到的喜好分布进行感知专业化的转化,即得到感知端属性评价标准,这些标准是从感性到理性的过渡,也是将用户主观性的喜好通过大数据的统计分布向工程化语言进化的过程,这一过程需要进行多维度且符合逻辑的分解,通过足够多的定性化维度分解就可以组成无限接近甚至超越用户最原始需求的评价标准。而标准制定者的综合认知是决定这一环节输出产物品质的关键,标准制定者必须具备多元化整车属性储备的知识(见图3-5),同时需要有对生活足够客观的认识以及丰富灵动的联想,从而合理地将生活的感性与工程的理性完美结合,达到源于生活、用于设计的效果。

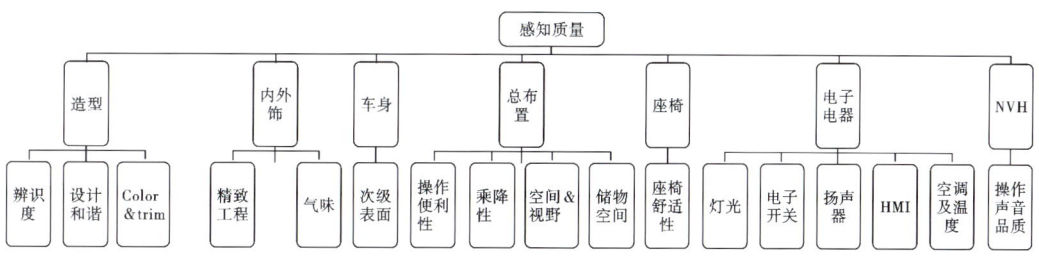

图 3-5

基于顾客购买心理学的感知质量体系过程管控的理念在于合理运用体系评价标准,通过对过程管控设计输出产物的感知评审项目与感知体系对应标准进行定位,然后将标准定位结果与初期设定目标分解目标比对,当标准定位结果满足初期设定目标的分解目标时,即该项过程管控评审项目合格。反之,则生成对应的感知问题,感知问题本身也是一种相对属性,只是与目标设定对应属性存在属性差,这种属性差便是评价标准的等级差。因此,对于生成的感知问题应进行对应感知标准的越级解读并得到达成该越级标准工程投入,这便是感知质量过程管控的问题解决方案(见图3-6)。

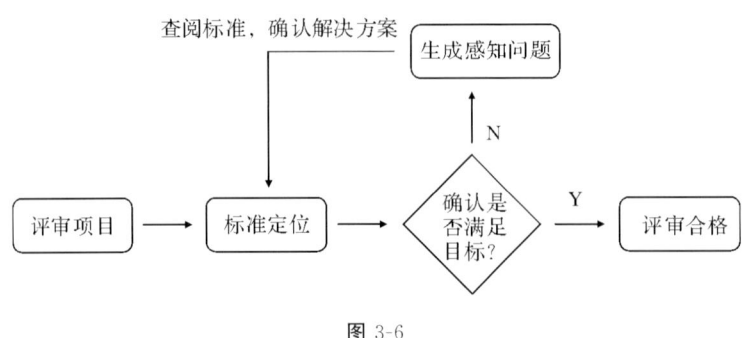

图 3-6

基于顾客购买心理学的感知质量体系的发展理念是为了使感知质量的工作核心更贴近用户,通过研究用户行为与心理以及了解行业及市场的发展走向,制定出能引领产品设计、符合用户需求和开拓创新性的产品。同时,将感知质量不通过增加成本改善产品品质的优势最大化,并对设计成本的分布提供绝对指向性的专业意见。感知质量团队未来的价值势必体现在确保绝对专业性的前提下应能化整为零,深入项目开发团队的角角落落,使全员具备感知意识,将感知需求融入产品设计的每一份技术文件之中。